互联网金融
创业、融资、理财实用手册

陈丰 / 著

经济管理出版社
ECONOMY & MANAGEMENT PUBLISHING HOUSE

图书在版编目（CIP）数据

互联网金融：创业、融资、理财实用手册/陈丰著．—北京：经济管理出版社，2016.9
ISBN 978 - 7 - 5096 - 4596 - 3

Ⅰ. ①互…　Ⅱ. ①陈…　Ⅲ. ①互联网络—应用—金融—手册　Ⅳ. ①F830.49 - 62

中国版本图书馆 CIP 数据核字（2016）第 212539 号

组稿编辑：张　艳
责任编辑：张　艳　张莉琼
责任印制：黄章平
责任校对：王淑卿

出版发行：经济管理出版社
　　　　　（北京市海淀区北蜂窝 8 号中雅大厦 A 座 11 层　100038）
网　　　址：www. E - mp. com. cn
电　　　话：(010) 51915602
印　　　刷：三河市延风印装有限公司
经　　　销：新华书店
开　　　本：720mm×1000mm/16
印　　　张：12
字　　　数：229 千字
版　　　次：2017 年 1 月第 1 版　　2017 年 1 月第 1 次印刷
书　　　号：ISBN 978 - 7 - 5096 - 4596 - 3
定　　　价：48.00 元

前言　互联网金融 + 连接世界，走向未来

2015 年 5 月 21 日，中国互联网金融大会——乌镇峰会圆满落幕。互联网金融领军人物、金融机构、投资机构、知名传统企业、政府以及有关组织代表纷纷莅临该峰会，共同探讨了以"互联网金融 + 连接世界，走向未来"为主题的"互联网金融 +"时代创新发展与共赢话题。

互联网金融 + ，加上一切事物

确实，未来的互联网金融时代绝对是"+"的时代，而我们现有的互联网金融模式，无一不是"+"下的产物。互联网金融 + 支付、互联网金融 + 众筹、互联网金融 + 贷款、互联网金融 + 货币、互联网金融 + 保险、互联网金融 + 电商等，都是互联网金融的基础上"+"起来。互联网金融给这些行业提供了肥沃的生长土壤，而这些行业丰富了互联网金融的内容，推动了互联网金融的发展。未来，互联网金融会发展得越来越好，因为它将连接世界，将世界上所存在的东西都连接起来。

互联网金融疯狂发展之后的倒退

2014 年，互联网金融的发展呈现出一种疯狂的状态，稍微有点实力的企业都想在这个市场中分一杯羹。阿里、百度、腾讯、小米、苏宁纷纷都在扩大自己的金融业务。不过在这疯狂之后，互联网金融呈现出了一片混乱的状态，上市、破产、跑路、崩盘……各种事件层出不穷。

以 P2P 平台为例，2015 年，平台跑路已经成为常态。2015 年 1 月，新增问题平台 57 家；2 月新增问题平台 49 家；3 月新增问题平台 50 家；4 月新增问题平台 54 家；5 月新增问题平台 59 家；6 月新增问题平台 123 家；7 月新增问题平台 109。而 2014 年全年才 122 家跑路平台，2015 年 6 月仅一个月的时间就完成了 2014 年的跑路数字，且注册资本在 5000 万元以上的问题平台就有 112 家之多。这些触目惊心的数字，如何不让投、融资者担心。

创新和发展不能因噎废食

做任何事情都不能因噎废食，互联网金融也一样。虽然互联网金融一度呈现

停滞状态，但是，还是要通过创新不断地向前发展。例如 P2P 在国外兴起的时候，已经被定性为信息中介平台。由于国外完善的信用体系和大数据技术支持，国外投资人能够快速获得真实可靠的信息，自由选择平台进行投资。P2P 的模式不断丰富，借贷、投资的方式也越来越多样，这就逐渐形成互联网金融的创新。互联网金融的发展就是一部创新史。如何利用新技术、新手段为用户提供更加便利、快捷和丰富的服务，一直是互联网金融发展的主要推动力。

监管之下，也是鼓励与支持

2015 年，互联网金融被列入"十三五"规划，P2P 网贷、第三方支付、互联网众筹、互联网保险、电商金融、虚拟货币等互联网金融产品得到了国家的发展与支持。相关管理办法的出台，无一不揭示了互联网金融已经进入了一个全新的发展时代。互联网金融行业将进一步得到优化，这也为资本加入互联网金融创造了条件。

在 2015 年底落地的监管细则中，国家也对 2015 年互联网金融做出了客观公平的评价，面对存在的问题，文件最终选择了定性较轻的表述，但是也一针见血地提到了存在的问题和风险隐患。虽是如此，从整体上来看，国家对互联网金融依旧是持鼓励和支持的态度。

互联网金融　全面入侵人们生活

互联网金融的出现无疑提供了更多的机会，为中小微企业和个人创业者增加了融资的渠道，为投资者增加了投资的渠道。现在，互联网金融已经逐步融入我们的生活，生活中处处可见互联网金融产品的影子。未来，互联网金融将连接世界，连接世界上的一切事物，我们的生活和互联网金融的关系也将更加紧密。

目　录

Chapter 1　拉开互联网金融的大幕

近两年，"互联网金融"这个词汇经常冲击我们的眼球，网络上、书籍上、电商上处处都能看到、听到"互联网金融"这个词汇。显然，互联网金融已经成为人们茶余饭后的聊天话题。不过，对于互联网金融，许多人还是很陌生。现在，我们就来拉开互联网金融的大幕，去仔细了解一下何为"互联网金融"。

1.1　互联网金融在中国

互联网金融，这个近些年刚刚兴起的事物，以迅雷不及掩耳之势发展壮大，不只是金融行业人士，就连平常百姓都口不离"互联网金融"。那么，到底什么是互联网金融呢？

互联网金融指的是通过依托互联网技术和工具进行资金融通、支付及相关信息服务等业务行为。随着互联网的发展向金融领域的逐步渗透，互联网金融在我国蓬勃兴起。现阶段，我国互联网金融模式和产品主要有：传统金融业务网络化、第三方支付、P2P 网络借贷、众筹、虚拟货币、互联网保险、电商金融等。

1.1.1　互联网金融兴起的原因

2013 年可以说是互联网金融元年，以阿里巴巴为代表的互联网企业强势进军传统金融领域。一时间，"互联网金融"成为全民热议的话题。而李克强总理在 2014 年 3 月政府报告中明确指出"要促进互联网金融的健康发展"，这无疑成为我国未来互联网金融发展的一剂强心剂。

很多人都在疑问，为什么互联网金融在中国会这么火，而且发展得如此之快？其实，这是时代发展的必然。互联网金融起源于金融业对于互联网工具的应用。当互联网发展得越来越成熟的时候，互联网的"开放、平等、协作、分享"等这些先进、独特的思想内涵就会慢慢地影响传统的互联网行业。当互联网融入金融业并起到作用时，互联网金融就产生了。

①互联网金融的兴起，是因为信息技术的发展

众所周知，近几年，信息技术在我国得到了空前发展，网速的提高、网络安全性的提高以及大数据、移动互联网、移动支付、云计算、社交网络、搜索引擎等现代信息科技的快速发展，都对互联网金融的崛起起到了非常大的帮助。在这些外力的帮助下，互联网公司不管是在发展规模、成熟度以及竞争力等方面都得到了大幅度的提升，更有甚者，还有人成功搅局传统金融业，例如阿里巴巴。

②互联网金融的兴起，是因为需求得不到满足

在我国，金融行业的主角一直是各大银行，银行几乎垄断了金融界，有垄断，必然缺少竞争，缺少竞争，必然会缺少创新，没有创新，金融界就会止步不前，甚至出现倒退。

在这种垄断的环境下，金融机构失去了创新能力，同时，服务意识也越来越薄弱，除了国企、大型私有企业，那些更需要资金的中小微企业和普通民众却很难从银行融到资金。

在需求得不到满足的情况下，互联网金融作为一种金融创新，成功地让中小微企业和普通民众注意到，并赢得了他们的青睐。可以说，互联网金融的产生，就是传统金融市场变革的结果。

③互联网金融的兴起，是因为国家政策的强力支持

任何一个事物的发展壮大，都需要环境的帮助，互联网金融之所以能迅速兴起，也是因为国家政策的大力支持。从 2012 年开始，我国政府多次强调简政放权，进一步释放改革红利，以此促进中国经济的健康发展，对于中小微企业更是大力扶持。在这种政策环境的影响下，我国的金融监管理念也开始发生变化，对于金融业的相关理念开始进行调整。

中国人民银行、银监会、证监会、保监会这"一行三会"金融监管机构表现出来的支持发展态度，无疑是互联网金融发展的加速器。像对互联网保险营销的许可、对余额宝的许可、对众安在线的许可、对 P2P 网贷的许可、对股权众筹的许可，足以证明我国金融监管机构的支持态度。

1.1.2　互联网金融的现状

互联网的发展出现了多种模式。包括传统金融业务网络化、第三方支付、大数据金融、P2P 网络借贷、众筹和第三方金融平台等。

传统金融业务网络化模式是指传统金融机构通过建立网上银行、网上证券和网上保险平台实现网上转账、网上投资理财、网上资金借贷、网上证券和保险交易以及提供相关的金融信息服务等。

第三方支付模式指的是在电子商务交易中由与国内外各大银行达成合作的第

三方支付平台来解决买卖双方的信息不对称而为双方提供的支付服务。

大数据金融模式是指在电子商务交易产生的海量的、非结构化的数据基础上，通过专业的数据挖掘和分析技术，为资金需求者提供资金融通服务。

P2P 网络借贷模式是指资金供求双方直接通过第三方互联网平台进行资金借贷。

众筹是指用户在互联网上发起众筹项目，展示自己的产品并提供回报，吸引投资人投资募集资金。

第三方金融服务平台模式是建立第三方金融服务平台，在平台上销售产品或是为销售金融产品的企业提供服务。

①互联网的金融模式在不断地创新和丰富

2013 年以来，由于人们对互联网技术在向金融领域渗透过程中体现的由信息不对称程度降低带来的金融交易成本的降低以及金融交易效率提高等优势的认识不断加深，我国的互联网金融模式内容不断地得到创新和丰富。如图 1 - 1 所示。

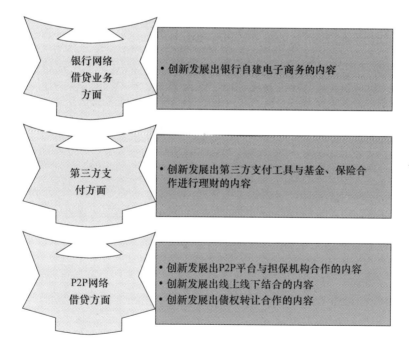

图 1 - 1　互联网金融创新发展出的新内容

互联网金融创新发展出的新内容主要表现在三个方面：一是银行网络借贷业务方面；二是第三方支付方面；三是 P2P 网络借贷方面。

首先，银行开展的网络借贷业务已从以往的"网下申请审批，网上发放"改为"银行＋电子商务平台"，从而创新发展出银行自建电子商务的内容。其次，第三方支付也从独立的、有担保的第三方支付等内容，创新发展出第三方支付工具与基金、保险合作进行理财的内容。最后，P2P网络借贷也从纯粹的提供信息中介服务平台内容，创新发展出P2P平台与担保机构合作、线上与线下结合以及债权转让合作的内容。

②交易规模的迅速扩大

2008年以来，中国的网络银行、第三方支付以及P2P网络借贷等互联网金融模式的交易规模快速发展。其中，网络银行的交易额从2008年的285.4万亿元增长至2014年的1549万亿元；第三方支付的交易额从2009年的3万亿元增长至2014年的23万亿元；P2P网络借贷则从1.5亿元快速增长至3292亿元。到2014年底，第三方支付工具和基金企业合作的代表产品余额宝用户规模达到1.85亿，总规模达到5789.36亿元。

③中国互联网金融目前存在的问题

近年，互联网金融虽然在我国得到了快速的发展，但是仍缺乏有效的管理，以至于各种互联网金融企业风险问题频出。这些问题主要体现在以下三个方面：

首先，以电子商务发展的大数据为依托而产生的大数据金融，从最初的电商平台与商业银行合作演变分化为电商大数据金融和商业银行自建电子商务平台开展大数据金融两种形式。商业银行由于不太熟悉电子商务平台的操作，因而发展得不太顺利。

其次，互联网理财在2013～2015年，出现了井喷式的发展，对传统银行存款业务和理财产品形成了强烈的冲击，甚至通过影响货币乘数影响了我国货币政策的实施效果和金融体系的稳定。

最后，由于P2P网络借贷的低门槛和监管松软等原因，P2P得到了疯狂发展，发展的过程中P2P网络平台不断倒闭给社会经济带来了大量的风险和负面影响。

针对这些问题，中国正在不断地出台新的监管政策以及扶持政策，相信通过一段时间的管理和监督，中国互联网金融目前存在的这些问题都能得到有效解决，让互联网金融完全成为利国利民的好事。

1.2 互联网金融的四大特点

互联网金融与传统金融相比有四大特点，也就是这独有的四大特点，让互联网金融得到了快速的发展。分别是"低成本、高效率、覆盖广、长尾化"。

1.2.1 低成本

互联网金融之所以能得到如此迅速的发展，被民众迅速接受，其原因之一就是具备了低成本化的特点。互联网金融的低成本不管是对金融机构还是对投资者来说都有着巨大的吸引力，因此，互联网金融能在近几年得到如此迅速的发展也就不足为奇了。如图 1 - 2 所示。

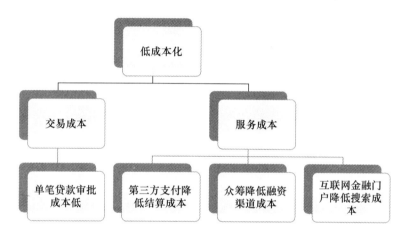

图 1 - 2 互联网金融的低成本化

例如 2012 年，阿里金融累计借贷的小微企业数超过 20 万户，这些企业全年平均占用的资金时长为 123 天，实际付出的年化利率为 6.7%。但是日息为万分之五的订单贷款产品，2012 年阿里金融所有用户平均使用订单贷款 20 次，平均每次使用 4 天，以此计算用户全年的实际融资利率仅为 6.0%，与一年期贷款基准利率相当。

互联网金融的低成本化特点主要体现在两个方面：

①体现在交易成本上

互联网金融的低成本化特点首先体现在交易成本上，比如阿里金融单笔贷款的审批成本就比传统银行的成本低许多。因为阿里巴巴利用了大数据和信息流技术，以电子商务数据、透明、数据完整等优势为依托，与阿里巴巴、淘宝网、支付数据贯通、信息共享，实现金融信贷审批、运作和管理，而传统金融机构的"三查"程序时间长、手续繁杂。所以，相比而言，互联网金融成本更低、速度更快。

②体现在服务上

互联网金融之所以降低了中小微企业以及个人创业者的融资成本，其原因就是因为其服务成本低。比如第三方支付让结算成本大大降低，众筹模式又降低了融资渠道的成本，互联网金融门户则让用户可以以更低成本搜索更多优质的金融服务产品。

1.2.2　高效率

互联网金融带来的全新渠道，为用户提供了更便捷、高效的金融服务，极大程度地提高了中国现有金融体系的效率。

例如，蚂蚁小贷与传统银行相比，它的优势是申请贷款流程简单快捷，只要是阿里巴巴诚信通会员和淘宝卖家，不需要任何担保，用户也无须如以往向银行贷款那样需要跑上无数次，准备一大堆资料。从用户申请贷款到贷前调查、审核、发货和还款采用全流程网络化、无纸化操作。用户只要使用电脑，简单操作几个步骤，就可获得所需要的融资金额，整个过程最短只需 3 分钟。

互联网金融带来的高效率体现在以下两个方面：

①由计算器处理，操作流程标准化

互联网金融业务都是由计算机进行处理，操作流程标准化。计算机处理的金融业务以事先安排好的程序处理用户提交的金融需求，相比于传统的人工审核和批改，减少了很多不必要的错误，而且速度更快。例如阿里小贷依托于电商积累的信用数据库，经过数据挖掘和分析，引入风险分析和资信调查模型，建立了属于自己的一份用户个人信用体系库。因此，用户从申请贷款到发放只需要几秒钟，日均就可完成贷款 1 万笔。其高效的、高精准的操作流程，获得不少用户的口碑和支持，甚至有人称阿里小贷为"真正的信贷工厂"。

②减少用户业务办理流程，用户体验更好

根据上文所述，互联网金融的业务都是由计算机操作，全程采用网络化、无纸化操作。用户只需要在电脑前操作几个步骤，就可获得所需要的资金，整个过程最短只需要 3 分钟。用户无须跑到银行排队等候，业务处理更快，用户体验更好。而随着移动互联网的发展，现在人们只需要用手机就可完成金融业务的操作，更加不受时间、空间的束缚，进一步减少用户办理业务的流程。

例如第三方支付的"快捷支付"业务让用户的生活消费和企业信贷等支付行为更加省时、方便。用户使用支付宝"快捷支付"，不用事先跑到银行办理网银开通业务，只需要输入卡号和手机动态口令等信息就能完成付款，同时还省去了下载 U 盾支付软件、插入 U 盾等程序。

1.2.3　覆盖广

现阶段，互联网已经成为居民生活中不可或缺的一部分，互联网金融突破传统的限制，使用户在任何时间、任何地点都能享受到金融服务。就像手机银行，它为银行金融业务的拓展提供了新的平台，使商户、用户、银行三者的关系更加紧密。这也足以证明，银行的互联网金融之旅走得越来越顺利，单是手机银行就为银行带来更多的中间收入，也使得银行在金融脱媒趋势的背景下更加有竞争力。

银行依靠互联网得到了新的发展，这一点也证明了互联网覆盖广的特点。在以往，普通居民要办理金融业务只能到离自己最近的银行，也就说银行只能接收某个地区内的金融业务，因此，许多传统的互联网金融产品都卖不出去，办理业务的银行人数也非常有限。但是互联网的出现，让银行打破了这一局限，使其覆盖的用户率更广，推出的互联网金融产品、互联网金融业务的接受率越来越高。

①可突破时间和地域限制

在互联网金融模式下，用户能够突破时间和地域的约束，在互联网上寻找需要的金融资金，而且互联网的金融服务更直接，操作过程更简便，同时没有地域的限制，群众基础也更广泛。

②覆盖部分传统金融服务盲区

与传统金融主要针对大企业的服务模式不同，互联网金融的用户主要是以中小微企业以及个人为主，覆盖了部分传统金融业的金融服务盲区，有效提升了资源配置效率，推动了实体经济的发展。

1.2.4　长尾化

传统金融的服务偏向"二八定律"，其服务的重心和利润来源于20%的用户。而互联网金融则不同，它的服务重心和利润来源是"二八定律"中80%的"小微长尾型"用户。

这一点，阿里小微金融服务集团（后改名为蚂蚁金服）自营小微信贷业务就体现了互联网金融长尾化的优势，截至2013年6月底，阿里小微信贷就累计为32万家电商平台上的小微企业、个人创业者提供融资服务，累计投放贷款超过1000亿元，户均贷款4万元，余额宝累计用户数达到251.56万。与传统基金理财户均为七八万元的投资额相比，余额宝的用户人均投资额仅为1912.67元，充分满足了理财"小白"用户的小额理财需求，也满足了个人创业者的低融资需求。有着余额宝这个强大的先锋，再加上近几年国家高度重视中小微企业融资，相关的利好政策频出，针对小微用户的互联金融服务越来越多。

平安普惠也在2015年加快推广小微企业贷款业务的脚步。目前，平安惠普SME的业务员已经覆盖包括华东、华北、西南地区近40个城市，近50家分公司。

而平安惠普 SEM 之所以能发展得如此之快，就是因为它的服务重心是那些 80% 的小微长尾型用户。平安惠普 SEM 根据小微用户的不同资质，提供了多样化的融资方案，现有产品包括 60 万元以内的纯信用贷款以及 1000 万元以内的有抵押贷款。同时，与行业特点相结合，开发多种针对小微企业的创新型产品，如针对电商平台用户的网 E 贷，针对房贷、车贷、寿险用户的快 e 贷，等等。

互联网金融长尾化是基于以下两点需求实现的：

①互联网金融可充分满足小微用户的个性化需求

小微用户的金融需求既小额又个性化，因此，在传统的金融行业中，他们的需求得不到充分的重视，许多金融机构甚至没有推出专门针对小微用户的服务和业务。因此，他们的需求在传统金融体系中往往得不到满足，而互联网金融在服务小微用户方面有着先天的优势，其可以高效、充分地满足小微用户的个性化需求。

②各种互联网金融模式满足用户多样化需求

大数据金融、P2P 网贷、众筹等互联网金融模式不断涌现，其产品和服务更是推陈出新，在一定程度上解决了中小微企业以及个人的融资需求，其中网贷和众筹还能满足用户在投资理财方面的需求。例如很多用户就会上 P2P 网贷选择自己喜欢的项目进行投资理财，最低限额 50 元即可，这样低门槛又高回报的理财，满足了很多小微投资者的理财需求。而 P2P 网贷的低门槛融资条件，更是解决了用户在生活中急需用钱但又融不到钱的困境。

1.3 互联网金融 VS 传统金融

在大多数人的眼里，互联网金融就等于第三方支付、在线理财，与传统金融相比，也不过就是媒介不同，一个是线上操作，一个是线下操作。其实，这种观点并不全面。

互联网金融是互联网思维和传统金融行业相结合的新事物，两者的区别不只是在于媒介，更在于互联网金融具有的"开放、平等、协作、分享"等方面的优势，互联网金融的长处恰恰就是传统金融的短板。互联网金融在互联网、移动互联网的帮助下，相比传统互联网透明度更高、参与度更广、中间成本更低、操作上更便捷、协作性更高。除此之外，互联网金融与传统金融还有以下五个不同点。如图 1-3 所示。

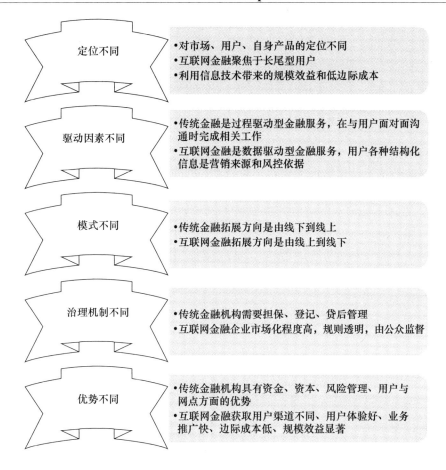

图1-3 互联网金融与传统金融的五个不同点

①定位不同

互联网金融与传统金融的不同点，首先就是定位不同，包括对市场的定位，对用户的定位，对自身产品的定位。其定位的不同，也导致了两种模式近些年的PK越来越激烈。互联网金融主要聚焦于传统金融业服务不到的或者是重视不够的长尾型用户，利用信息技术带来的规模效应和低边际成本，使长尾型用户可以在小额交易市场、细分市场等领域获得有效的金融服务，满足用户不同的金融需求。

②驱动因素不同

传统金融是过程驱动型金融服务，重点在于与用户面对面的直接沟通中搜集信息、建立管控风险、交付服务。互联网金融是数据驱动型金融服务，用户的各种结构化的信息都能成为营销来源和风控依据。

③模式不同

传统金融机构与互联网机构都在使用互联网技术，但是在设计模式上还存在着不小的差别。传统金融的拓展方向是由线下到线上，努力把原有的基础通过互联网技术充分利用起来，为用户提供更加便捷的服务。而互联网金融却完全相反，它是从线上向线下拓展，这种模式在挖掘客户上比前者有更大的优势。

④治理机制不同

相比于传统金融机构需要担保、抵押登记、贷后管理等治理机制，互联网金融企业的市场化程度更高，通过制定透明的规则，建立公众监督机制来赢得用户信任。

⑤优势不同

传统金融机构具有资金、资本、风险管理、用户与网点方面的显著优势。互联网金融则具有获取用户渠道不同、用户体验好、业务推广快、边际成本低、规模效益显著等优势。

1.4 互联网金融对我国金融体系的影响

互联网金融的出现对我国金融体系产生了巨大的影响，包括货币政策的影响，资金配置的影响，我国金融市场运行效率的影响，我国金融监管体系的影响，银行业的影响。

1.4.1 互联网金融对货币政策的影响

互联网金融作为中国新兴金融模式的典型代表之一，发展迅速，并对相应的金融业务、金融子业务、市场以及整个金融体系都带来了不同程度的影响。从近些年中国金融市场的种种表现来看，互联网金融对传统金融造成了不小的冲击，最突出的就是对中国货币政策的影响。

要了解互联网金融对公众金融行为的影响程度，可以从互联网金融对货币需求、货币供给这两个方面进行具体分析。如图1-4所示。

①互联网金融对货币需求的影响

第一，互联网金融为金融市场注入了新的活力。金融工具的创新不只提高了金融产品的流动性与营利性，也降低了交易成本，同时还影响了公众货币需求结构。在短期收入相对稳定的情况下，交易性货币需求和预防性货币需求是可以预测以及相对稳定的；投机性货币需求则容易因为市场利率、投资预期、机会成本

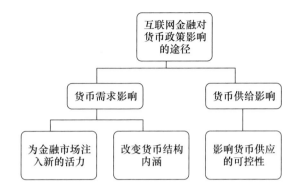

图 1－4　互联网金融对货币政策的影响

种种因素的影响而产生不稳定性。互联网金融的高收益产品、低廉操作费用以及快速流转方式有效提高了投资者的机会成本，引发公众货币投资性需求的增加，刺激部分预防性货币向投机性货币转变。

第二，互联网金融加快货币流通速度，改变货币结构内涵。随着互联网金融的高速发展，市面上货币性极强的新型金融工具越来越多，这些工具不仅让金融市场流动性需求和投机性需求得到满足，货币流通速度也得到了明显提高。

②互联网金融对货币供给的影响

互联网金融削弱了货币供应的可控性。在传统金融市场，仅有商业银行吸收存款。发放贷款时，货币供应源单一，对货币供应源的调控不存在什么难度，只需调控商业银行存款准备金率就能达到调控货币供给的目的。随着互联网金融的加入，让许多新型金融机构冲破了原来不能吸收存款的限制，通过互联网就可直接将资金借给融资人，获得利息收益。长期发展下去，就相当于在央行之外增加了一笔基金货币，新型的互联网金融机构将产生存款派生能力，货币供应源主体将随之发生改变。这些现象足以表明，互联网金融的发展增加了金融市场中货币的供应渠道，削弱了央行对货币调控的可控性。这些都将直接影响货币政策目标制定的准确性以及传导效率。

根据网贷之家的行业报告显示：2011 年，中国网贷的成交量是 31 亿元，2015 年网贷的成交量达到了 9823 亿元（如图 1－5 所示），可见其发展势头的迅猛和发展空间的广阔。与此同时，金融脱媒现象日益严重，商业银行大量流失中小客户，导致通货比率下降、货币乘数上升，非存款类金融机构资源配置能力逐步增强，对现有货币政策实施手段造成强烈冲击。

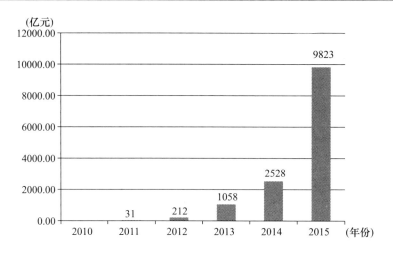

图 1－5　各年网贷成交量

1.4.2　互联网金融对资金配置的影响

互联网金融的兴起迫使传统金融机构做出创新，以适应现代经济的发展需要，特别是在资金配置方面，互联网金融的兴起不但扩大了原先的融资渠道，集聚小额资金用户，同时还打破了传统金融"二八定律"偏向 20% 用户的局面，从而在一定程度上改变了传统的资金配置模式。但从另一个方面来看，其高速发展的背后，隐藏着影响未来健康发展的不利因素。及时发现互联网金融发展中的薄弱环节，采取有效措施进行监管，能够为互联网金融健康持续的发展提供有力的保证。

①互联网金融对资金配置的影响

互联网金融对资金来源的影响。传统银行对于资金来源渠道主要包括存款、债券、借款。而互联网金融的资金来源渠道包括直接吸收资金、资产证券化以及融资租赁。最初，互联网金融是通过吸收投资人出借的大量小额资金形成借贷行为，随着资金需求量增加，资产证券化成为互联网金融的主要融资渠道。

互联网金融对资金配置的影响主要表现在五个方面。如图 1－6 所示。

第一，增加大量普惠对象。也就是其吸引的用户多是中小微企业以及个人，打破了传统银行的"二八定律"，满足了 80% 的借款人的资金需求。

第二，最大化资金配置效率。互联网金融借贷流程网络化，较低的成本和高效放贷率实现了资金、信息的高速运转，提高了资金配置效率。互联网金融平台利用大数据提供借款人信息，促成借方与借款人直接或者间接的债权债务关系，

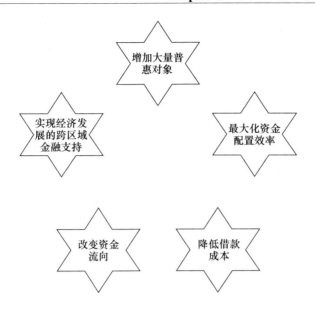

图1-6 互联网金融对资金配置的五大影响

借款过程中无须实地考核，资产评估等审贷环节，有效缩短了借款时间，充分满足了借款人的需求。

第三，降低借款成本。传统金融机构具有严格的放贷程序以及出于对贷款风险的考虑，中小微企业和个人在借款时需要支付更高的利息和额外费用，在融资过程中成本较高。互联网金融的审核则不会限制借款人的身份，也不会据此来上浮相应的借款利率幅度，借款人可以以低于传统金融机构的利率获得资金。除此之外，快捷方便的借贷流程也降低了借贷成本。

第四，改变资金流向。传统金融机构的重心都放在大型公司，因此传统金融机构的资金主要流向的是大型企业以及部分中型企业。互联网金融则把重心放在资金的出借与借款方的信息匹配，出借方可以根据借款人的信息来决定是否借贷，解决了中小微企业以及个人融资难的问题，改变了传统的资金流向，同时也达到了多元化发展产业结构的目的。

第五，实现经济发展的跨区域金融支持。传统金融机构主要服务于所在地区的经济发展，在信贷市场信息不对称的环境下，银行为了降低风险以及减少审核成本，放弃那些距离金融机构服务网点较远的用户，例如一些偏远地区的借贷人。因此缺少资金支持的偏远贫穷地区就很难实现经济发展。互联网金融不会对借款人进行实地考察，因此没有地域性质，对于相对贫穷地区经济的发展，只要借款人有足够好的项目和创意，得到了出借人的支持，就可融到所需的资金。

②互联网金融在资金配置中存在的隐患

互联网金融在资金配置方面带来诸多好处的同时，也存在一些潜在的隐患，如图1-7所示。

第一，借款人资料真实性审核。互联网风险控制中的重要环节就是对借款人出示的资料进行审核。传统金融在资料审核中一般采用询问、实地考察、系统查询等方式，而互联网金融并不存在实地征信调查的环节。因此，对于互联网金融机构对于借款用途无法进行考究。

第二，资金用途无法实时监控。在网贷过程中，互联网金融的虚拟性及信用评价信息的缺乏性，导致在实际业务中对借款人的资金使用情况无法实施有效的监控，因此借款可能会通过隐瞒部分信息，从而带来风险。

第三，互联网金融的监管缺失。因为我国的互联网金融是近几年才发展起来的，而且发展速度快，除了由于技术原因造成的风险，也因为监管不到位而导致不法分子利用网络平台从事高利贷和非法集资活动。

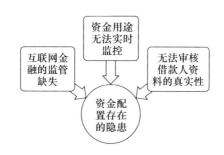

图1-7　互联网金融中资金配置存在的隐患

1.4.3　互联网金融对我国金融市场运行效率的影响

依托于网络技术的互联网金融在金融体系运行效率上起到了巨大的推动作用，且不断显示出强大的生命力。可以说，我国互联网金融发展得到了全社会的支持，各行各业、普通百姓都在支持着互联网金融创新。

①互联网金融改变金融市场格局

余额宝的诞生以其强大的吸金能力，不仅改变了金融市场的资金格局，金融体系的资源成本，而且显示出了互联网金融的系统性影响，给银行体系带来了前所未有的冲击与压力。之所以会出现这种情况，是因为以"余额宝"为代表的新型互联网金融产品，坚持了"普惠"与"方便"的原则，迎合了绝大多数人的财务特征以及使用资金的习惯，而传统金融一直选择性地忽略了这些金融需求。

②互联网金融倒逼金融机构提升利率定价能力

互联网金融的发展可以提高我国金融市场的运行效率，它所产生的整体收益是以正数的形式显示出来的，所以它是一种帕累托的改进。从某种意义上来说，互联网金融可以倒逼金融机构提升利率定价能力。利率市场化是否能得到有效推进，就看金融机构利率定价能力如何。余额宝的出现让金融机构资金来源成本提高不少，因此，金融机构必须促使自己加快利率定价能力的建设。除此之外，互联网金融经营成本较低，比起传统金融，具有较大的成本优势。

1.4.4　互联网金融对我国金融监管体系的影响

虽然近几年互联网金融在我国发展速度迅猛，但是，我国的互联网金融尚处于起步阶段。不管是法律规定还是监管标准都存在着一定的空白，因此，造成了极大的风险隐患。我国的互联网的金融体系还需要继续完善、构建。

①互联网金融对我国金融监管体系的五大影响

互联网金融的快速发展，对我国金融监管体系产生了一定的影响，主要体现在以下五个方面。如图1－8所示。

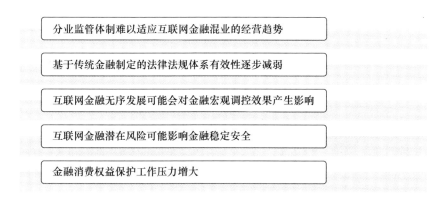

分业监管体制难以适应互联网金融混业的经营趋势

基于传统金融制定的法律法规体系有效性逐步减弱

互联网金融无序发展可能会对金融宏观调控效果产生影响

互联网金融潜在风险可能影响金融稳定安全

金融消费权益保护工作压力增大

图1－8　互联网金融对我国金融监管体系的五大影响

第一，分业监管体制难以适应互联网金融混业的经营趋势。互联网的开放性和虚拟性让各个金融机构提供的服务，推出的产品日益同质化，业务综合化的发展趋势不断加强。金融机构与非金融机构之间的界限越来越模糊。这导致了原来的分业监管模式面临的问题越来越多，很多原先对传统金融有效的管理条例对互联网金融起不到任何作用。

第二，基于传统金融制定的法律法规体系有效性逐步减弱。首先是互联网金融监管法律地位偏低、效力层级也偏低，因此，在监管执行过程中容易出现很多不可控或是事先无法预料的问题。其次是因为互联网金融活动的特殊性，技术往往领先于监管，现有法律中的某些条例无法应用于互联网金融发展。最后是互联网金融新业态规范不健全。目前我国对于与网络融资平台、资金监管、借贷双方信用管理、个人信息、业务范围等方面的规范还不完善，虽然已陆续出台相关规范政策，但需健全补足的地方还很多。目前我国互联网金融监管体系还存在着很多漏洞。

第三，互联网金融无序发展可能会对金融宏观调控效果产生影响。一是影响到货币调控的效果。因为网络货币具有高流通性，如果没有官方货币作为其发行做准备，实际上，发行机构具有类似商业银行的创造能力，并在一定程度上改变货币乘数的大小及货币的流通速度，从而影响到它的传导和效果。二是影响到信贷调控的效果。网络融资依赖企业和个人信用数据、行为数据、经营数据等软信息，这将导致一个现象产生：当经济景气时，企业与个人的经营状况较好，反映到软信息上融资就会比较容易。而企业和个人获得资金后有可能投向产能过剩的行业，大大增加了宏观调控部分逆周期调节的难度。

第四，互联网金融潜在风险可能影响金融稳定安全。其主要体现在两个方面：一方面是互联网金融高额交易后产生的新的系统性风险。互联网提高了金融市场风险传播的概率，且传播的速度更快，传播的范围更广，还可能会强化交叉感染性。另一方面是互联网金融对技术管理的要求更高。开放式的网络通信，密钥管理与加密技术的不完善，TCP/IP协议缺乏足够的安全以及计算机病毒、电脑黑客攻击、网络金融诈骗等问题，都会引起交易的资金安全问题。

第五，金融消费权益保护工作压力增大。一是信息安全问题引起的权益问题。因为互联网金融交易具有虚拟性，无法现场确认各方的合法身份，其所需认证材料都是通过互联网进行传输，被非法盗取、篡改的概率非常高。二是在运营过程中产生的一系列权益保护问题，例如网络融资资金被挪用，网络货币贬值或是交易商操纵价格以及发行人破产等，都会导致投资者的资金损失。

②互联网金融促进我国金融监管体系进一步完善

互联网金融在给我国的金融市场带来正面好处时，也存在着不少负面影响。但是如上文所述的那些不利影响将促进我国金融监管体系的进一步完善。如图1-9所示。

第一，建立长期有效的横向合作监管体系。以互联网金融涉及的领域为根据，建立以监管主体为主，相关金融、信息、商务等部门为辅的监管体系，对监管范围做明确分工的同时，又互相合作。其主要表现在三个方面。首先是对于银行机构给予互联网的金融服务，一行三会可以以坚持分类监管的原则为前提，以建立和完善相应的制度法规为前提，实施延伸监管。其次是对于网络支付，人民

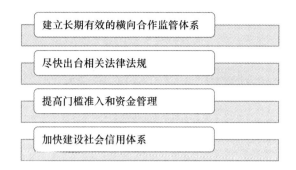

图 1 - 9　互联网金融促进我国金融监管体系完善的四个方面

银行作为支付系统的主要建设者、行业标准的制定者以及法定货币的发行、管理机构，要主动承当起对第三方支付、网络货币的监管责任。而根据支付机构衍生出来的基金、保险、理财产品、中国人民银行和证监会、保监会联手合作，形成对支付机构的功能监管体系。最后是明确网络借贷和众筹融资监管的主题。跨区域是网络借贷的主要特征之一，中国人民银行在支付清算、征信体系方面具有监管和信息的优势，可以由中国人民银行监管，众筹融资则以股权众筹为代表，可以由证监会主管。

第二，尽快出台相关法律法规。第一步是先完善互联网金融的法律体系，加强适应互联网金融的监管和风控体系研发，明确监管的职责与界限。放松互联网金融经营地域方位地理限制。第二步是逐步完善与互联网金融发展相关的基础性法律，例如个人信息保护、信用体系等。第三步是加快互联网金融技术部分规章与国家标准制定。但凡是互联网金融所设计的技术环节，如支付、客户识别等，都要从战略高度由相关部门出台或优化管制制度。

第三，提高门槛准入和资金管理。一是严格限定准入条件，提高门槛。二是加强平台资金管理。例如规定 P2P 企业资金必须通过商业银行进行托管，对资金发放、客户使用、还款情况进行跟踪，保证投资者权益。

第四，加快建设社会信用体系。要降低互联网金融所带来的风险，就要健全企业和个人的信用体系，大力发展信用中介机构；建立支持新型互联网金融发展的商业信用数据平台，推动信用报告网络查询服务、信用资信认证、信用等级评估以及信用资信服务发展等方面。

Chapter 2　第三方支付

——它，动了谁的奶酪

从 2016 年 3 月 1 日起，五大银行正式开始实施"手机转账免费"服务。这对于用户来说，绝对是个好消息。但是，五大银行为何要下血本？它们的目的是什么？因为在第三方支付发展的这几年中，传统银行的奶酪被人动了，用户流失极快。推出这项服务的目的，就是为了把失去的奶酪给抢回来。

2.1　银行缺席，互联网支付成为主流

银行，你多久没去过了？一个星期前？一个月前？还是更久？但是，无论时隔多长，有一点是毋庸置疑的，就是我们往银行跑的次数越来越少，银行占用我们的生活时间也越来越少。现在，我们都喜欢用网络支付来代替银行支付，转账用手机、支付也用手机。除非是涉及巨大的金额，在一般情况下，我们都不会去银行。可以说，在我们的生活中，银行的影响越来越小，互联网支付的影响却越来越大，金融业务已逐步让互联网支付成为主流。

2.1.1　现金支付已过时，第三方支付无处不在

我们可以发现，现在的人们钱包里的现金越来越少，当然不是指人们越来越穷，而是人们渐渐舍弃了使用现金支付的习惯，改用第三方支付。现在我们带一张卡，带一个手机就可出门。为什么，因为现在各大商家都可以通过第三方支付进行支付，例如去餐馆吃饭，你可以刷信用卡付款，如果没带信用卡，也可以用支付宝，或者微信支付。第三方支付覆盖的范围还不仅仅是各大商场，各大实体商店，甚至去菜市场买菜，你都可以使用移动支付。现在我们的生活已经被第三方支付全面覆盖，打车可以用微信支付，买菜可以用支付宝支付，到商场大量购物可以刷卡或者使用移动支付，就连公交卡都可以用支付宝进行充值。这些足以证明"现金支付已过时，第三方支付无处不在"。

在第三方支付的发展中，移动支付可以算是当前最有代表性的。在中国的市

场，以支付宝为代表的移动支付的爆发式增长可以说是有目共睹的。阿里 2013 年的财报称其净利润突破 228.2 亿元，除了稳坐移动支付市场的榜首之外，还雄冠 BAT 之首，成为中国最赚钱的互联网公司。2013 年的"双 11"，支付宝实时交易额就突破 350 亿元。2015 年的"双 11"无线交易额高达 526.42 亿元。

那么以支付宝为代表的移动支付为什么能产生如此大的收益呢？其实就是因为身为第三方支付中的一员，移动支付业务形式多样，只需通过简单的操作，就可将所有用户和商户的银行账户进行映射、关联并交易。移动支付具有安全、简单、方便的支付体验，必然能被市场所追捧，看看如今的支付宝和微信支付就可得到证明。此外，它的实时到账、数字转化自动结算以及安全可靠性，也受到各大商家所欢迎。就是依靠此等优势，以支付宝为代表的移动支付才能累积起数亿级规模的用户和商户群基础，从而形成整个产业链以支付环节为核心的渠道扁平化、物流信息化、结算数字化，最终实现产业效率的提升。

第三方支付之所以能全面入侵人们的生活，就是因为其便捷性。但随着便捷而来的安全风险问题一直是第三方支付欲解决，但还未完全解决的难题。第三方支付想要长期稳定地发展下去，找到便捷与安全的平衡点已经成为一种必须。

为规范非银行机构网络支付业务，中国人民银行在 2015 年 8 月发布了《非银行支付机构网络支付业务管理办法（征求意见稿）》（以下简称《办法》），向全社会公开征求意见。征求意见稿公布后，市场上出现了一些误解的声音，以为单日付款最高限额是 5000 元。对此，央行负责人表示《办法》只针对仅使用支付账户"余额"付款的情况，而通过支付机构提供的跳转商业银行网关支付或者银行卡快捷支付方式，并不受此限制。

也就是说，根据央行出台的管理办法，第三方支付的额度受到了限制，不管是综合支付还是消费支付，第三方支付只要超过限额，就只能使用银行支付。因此，第三方支付的方便性大打折扣。

其实，央行的初衷是很明确的，其出台的办法是为了降低当下网络支付所存在的风险性，且在大量案例作为佐证的情况下，限制第三方支付的额度，是最大化保障用户资金安全的办法。该《办法》还在继续完善当中。相信在未来的发展当中通过不断地完善对第三方支付的制度与监管，最终会实现安全与快捷的支付方式。

2.1.2　第三方支付的实现原理

第三方支付是具备一定实力和信誉保障的独立机构，采用与各大银行签署协议的方式，为用户提供与银行支付结算系统接口的交易支付平台的网络支付模式。第三方支付的业务范围包括——POS 收单、互联网支付、移动支付、预付费卡业务、跨境支付、电视支付等。

①第三方支付手段层出不穷

第三方支付的企业在市场竞争的环境下对支付方式进行了大量的创新，支付的手段也从最原始的 POS 机刷卡行为到现在的网络支付、手机支付等。推出的第三方支付产品更是数不胜数，以移动支付为例，出现了支付宝、微信支付、顺丰宝等各种支付产品。

②第三方支付可相对降低网络支付风险

网络支付风险一直是第三方支付难以逾越的障碍，即使在目前，第三方支付市场已经发展得相对成熟也无法完全杜绝网络风险，各个第三方支付企业所能做的也就只有尽量降低网络支付风险。除了网上银行、电子信用卡等第三方支付手段之外，还有一种方式也可以相对降低网络支付风险，那就是第三方支付。不过，推出这个第三方支付的支付机构必须具备一定的诚信度。在实际的操作过程中，这个第三方支付机构可以是发行信用卡的银行本身。在进行网络支付时，信用卡号以及密码的披露只在持卡人和银行卡之间转移，降低了通过商家转移的风险。

③通过第三方在银行和持卡人或用户之间进行支付

第三方是除了银行以外的具有良好信誉和技术支持能力的机构，第三方支付也可以通过在银行和持卡人或用户之间进行。持卡人首先和第三方使用可以替代银行账号的某个电子数据形式传递账户信息，这样就可以保证银行信息不会被持卡人直接透露给商家。除此之外，用户无须登录不同的网上银行页面，只需登录第三方机构的页面即可，为用户剩下了不少的时间和操作步骤。

④第三方机构与各个银行签署协议

第三方机构与各个银行签署相关协议，使得第三方机构与银行之间可以进行某种形式的数据交换和相关信息确认。这样第三方机构就可以实现在持卡人与各个银行以及商家之间建立起一个支付的流程。

⑤第三方支付流程

第三方支付流程其实很简单，只要完成七个步骤即可：第一步，网上消费浏览并选择相应商品，下订单达成交易。第二步，在弹出的支付页面上，消费者可选择具体的某一个第三方支付平台，直接链接到其安全支付的服务器上，在第三方支付的页面上选择支付方式，点击后进入银行支付页面进行支付。第三步，支付平台将消费者的支付信息，按照各银行支付网关技术的要求，传递给相关银行。第四步，由相关银行检查消费者的支付能力、实时冻结、扣账或划账，然后将结果信息回传给第三方支付平台和消费者。第五步，第三方支付平台将支付结果通知商户。第六步，收到支付成功的信息后，商户向消费者发货或者提供服务。第七步，各个银行通过第三方支付平台与商户进行清算。如图2-1所示。

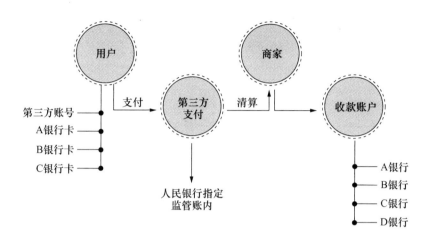

图2-1 第三方支付流程

2.1.3 第三方支付的运营模式

第三方支付平台运用先进的信息技术，与银行和用户进行对接，改变了原本复杂的资金转移过程，使其简单化且安全化，有效提高了企业的资金使用效率。第三方支付发展到2016年，已经不仅仅局限于最初的互联网支付，而是成为线上线下的全面覆盖，应用场景更加多样、丰富的综合支付工具。第三方支付可以分为支付网关模式和支付账户模式。目前市场上的第三方支付机构的运营模式可以分为两大类，一类是以快钱为典型代表的独立第三方支付模式，另一类是以支付宝、财付通为首的以自有B2C、C2C电子商务网站为依托的，提供担保功能的第三方支付模式。

①独立第三方支付模式

独立的第三方支付模式是指第三方支付平台完全独立于电子商务网站，不包含担保功能。其充担的功能角色主要有三点：一是为用户提供支付服务和支付系统解决的方案。二是平台前端联系着可以让用户自由选择的各种支付方法。三是平台后端与各大银行相关联，平台负责与各银行之间的债务清算。

从以上三点可以看出，独立的第三方支付模式其实就是充当了支付网关的角色，但它又与早先的纯网关性第三方机构不同，它们开设了与支付宝相类似的虚拟账户，可以收集到所服务的各个商家的信息，以此作为为用户提供支付结算功能之外的增值服务的重要考量。

B2B、B2C 是独立第三方支付运营平台的主要市场，为有结算需求的商户以及政企单位提供支付解决方案。独立第三方支付的用户分为直接和间接两种，直接用户是企业，然后通过企业去吸引消费者，从而让消费者成为自己的间接用户。

独立第三方支付与依托电商网站的支付宝相比，其应用方式更为灵活，涉及的范围也较为广泛。它能够积极地响应不同企业、不同行业的个性化需求，可以专门为大客户制定个性化的支付方案，从而方便行业上下游的资金周转，同时也可使企业的消费者能够便捷付款。独立第三方支付平台的收益来源有两个：一是银行的手续费分成；二是为客户提供定制产品的收入。但是第三方支付平台没有完善的信用评价体系，很容易被他人复制。因此，迅速提升在市场上的覆盖率以及用户黏性才是独立第三方支付的制胜关键。

②有交易平台的担保支付模式

有交易平台的担保支付模式是指第三方支付平台捆绑大型电子商务网站，并与各大银行建立合作关系，凭借自身的技术实力和信誉担任交易双方的支付和信用中介，为商家和客户搭建起安全、便捷、低成本的资金划拨通道。

在此种支付模式下，消费者在电商网站购买产品，使用第三方支付平台提供的账户进行付款，此时货款暂时由平台托管并由平台通知卖家货款到达进行发货，待消费者检验物品确认后，通知平台付款给卖家。此时第三方支付平台再将款项转至买方账户。在这个模式当中，第三方支付平台充当的角色就是信用中介，在消费者收到商品前，代替买卖双方暂时保管货款，以防出现欺诈和拒付行为。

支付宝和财富通分别是由阿里巴巴和腾讯企业旗下的电商业务而孕育出来的，其本来的作用是作为自有支付工具。是为聚集在淘宝、拍拍等电商网站上没有技术实力来解决网上支付问题的个人商户或小微企业商户而出现的。因为让商户和消费者直接通过网上交易，这对消费者而言缺乏信任感，因此需要一个能让人相信的中介角色存在。支付宝和财付通就是在这种需求下应运而生的。

担保支付模式的出现不仅极大地促进了电商网站的交易量，也让电商网站上的消费者成为支付平台的使用者。担保交易模式所打造的信任环境为其带来的海量用户群，这些用户资源成为这类第三方支付平台的优势，这是独立第三方支付平台难以企及的。

2.2　第三方支付的优缺点

第三方支付之所以能发展得如此迅速，其最大的原因就是它有着传统支付方式所没有的优点。不过，任何事物都是双面的，既有利又有弊。如图 2 - 2 所示。

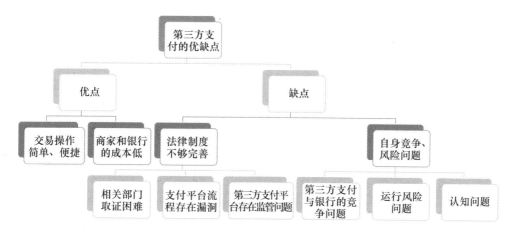

图 2 - 2　第三方支付存在的优缺点

2.2.1　第三方支付的优点

第一，交易操作简单、便捷。第三方支付平台与各大银行都建立合作关系，从而极大地方便了网上交易的进行，对于商家来说，就不需要再安装各个银行的认证软件，从而在一定程度上简化了操作，使用起来非常方便。

第二，商家和银行的成本低。对于商家而言，支付凭证可以降低其运营成本；对于银行而，直接利用第三方的服务系统，银行就可以省下网关开发的成本。而且，第三方支付平台集了大量的电子小额交易，形成了规模效应，因而降低了支付成本。除此之外，第三方支付平台能够为商家提供增值服务，帮助商家网站解决实时交易查询和交易系统分析，提供方便及时的退款和支付服务。

2.2.2　第三方支付的缺点

第三方支付的缺点，其实就是第三方支付目前所存在的问题。尽管我国的第三方支付获得了良好的发展，但存在的问题依然不少。

①法律制度不够完善

因为第三方支付是新兴事物，所以我国在这方面的法律还处于完善当中，目前还没有建立起足够完善的国家信用体制，第三方支付的安全得不到很好的保证，所以独立在网络之外的物流活动的诚信风险依然存在。

第三方支付存在的不足主要表现在以下几个方面：一是交易出现纷争时买卖

双方各执一词，相关部门取证困难。二是支付平台流程存在漏洞，不可避免出现人为信用问题。三是第三方支付平台的监管问题。尽管第三方支付平台和各大银行签署了相关协议，但是这些银行对这些第三方支付平台上的资金是否"专款专用"没有监督的权利和义务。因此，难免会给使用第三方支付的用户资金安全留下隐患。

②自身竞争、风险问题

第一，第三方支付与银行的竞争问题。以支付宝、微信支付为代表的第三方支付公司是通过与银行的合作来运行的，但是支付公司和银行之间的关系并不是只有合作关系，同时还存在着竞争关系。一旦银行不与任何第三方支付机构合作，而直接与商家对接，那么第三方支付机构将面临来自银行这个传统金融大鳄的强大竞争，压力可谓不小。除银行之外，我国的第三方支付市场还面临着四种力量的竞争，分别是潜在竞争对手、替代品生产商、客户以及现有产业竞争对手。他们都是驱动产业竞争的基本力量。第三方支付市场上各种竞争力量的博弈将共同决定第三方支付市场的平均盈利水平，同时这四种力量的分化组合也将对第三方支付平台的发展产生深刻的影响。

第二，运行风险问题。第三方支付结算属于支付清算组织提供的非银行类金融业务，中央银行以牌照的形式提高了门槛。这些对于已经存在的第三方支付机构，牌照发放后如果不能成功持有牌照，就有可能被整合或是收购。政策上的风险将成为这个行业最大的风险，也就是因为这样，资本对于这个行业的投入多有犹豫。

第三，认知问题。网络普及的不够全面使第三方支付的用户多以年轻人为主，甚至还有很多人没有机会触及电子支付。

2.2.3　第三方支付存在问题的解决对策

解决第三方支付存在的问题可以从以下三个方面入手。

第一，法律保护。通过法律保护，提高电子商务交易中的信用度。对与电子商务领域而言，信用不只是一种责任，更是一种声誉和资源。一方面，借助社会舆论的力量来促进诚信交易；另一方面，可以通过创建完善的信用机制，让第三方支付真正地实现公平和效率。

第二，创建第三方监管。虽然第三方支付机构与各大银行达成了战略合作，但是协议内容只是停留在企业经营层面的托管上，而不是监管。银行对于第三方支付账户上的资金是否专款专用并没有监督的权利和义务，因此，就要建立起政府背景下的第四方监管。在操作事物上，可以参照银行的存款准备金方式。

第三，发展网络。加大力度发展网络交易，让电子支付渗透到用户生活的方方面面，不分年龄、不分地域地让更多的人认识并使用第三方支付。同时，也要深入挖掘第三方支付的商品价值，不断改进服务，用优质的商品和服务来吸引用户，加快第三方支付的普及。

2.3 第三方支付，电商跨界发展的基石

第三方支付是各大企业的未来发展方向，也是各大企业必用的一种支付方式。第三方支付除了支付宝，百度有百度钱包，腾讯有财付通、微信支付和QQ钱包，京东更是在2012年收购了网银在线，与腾讯合作后直接接入了微信支付。根据中国电子商务研究中心的监测数据显示，截至2014年7月16日，已经有269家企业获得了第三方支付牌照，由此可知，第三方支付平台和电商企业有着特殊而紧密的联系。

2015年3月，苏宁电商投入大笔资金举办了一系列的促销活动，其背后的深意不言而喻。苏宁推出的"31抢钱行动"就是专门针对苏宁和易付宝用户的。而在此之前，苏宁商城纸品买2付1，也只接受易付宝的付款，很显然，苏宁此举正是为了推广自己旗下的支付平台——易付宝支付。

根据公开的资料显示，易付宝只是苏宁云商旗下的一家独立的第三方支付公司，其作用就是用来支付用户在苏宁商城的购物所需的费用。苏宁下这么大的手笔去创建一个支付平台有以下三个方面的原因，如图2-3所示。

推动电商平台销量

关系着电商大数据体系的建立

以全方位资产管理服务来增加用户黏性

图2-3 苏宁建立易付宝支付的原因

①没有第三方支付，电商的销量有限

第三方支付是大型电商的肋骨，不可或缺。假如只有淘宝，没有支付宝，那么淘宝就无法发展到现在这个规模。顾名思义，第三方支付平台其实就是指具备一定实力和信誉保障的第三方独立机构提供的交易支持平台。与传统现金交易方式不同，第三方支付可以有效保障货物质量、交易诚信、退换要求等环节，在整

个交易的过程中，都可以对交易双方进行约束和监督。因为电子商务不需要面对面交易，没有地域性和空间性的差别，这是优点也是缺点。第三方支付弥补了这个缺点，为保证交易的成功提供了必要的支持。

②支付体系的建立，关系着电商大数据体系的建立

当然，各家电商企业大资金、大手笔地推出自己的支付平台，并不仅仅是为了对交易双方进行约束以及监督，其终极目的还是为了要打造属于自己的支付平台。因为第三方支付对企业的长远发展有巨大的裨益。

苏宁大力推广易付宝，就是因为要在互联网金融层面进行战略性布局。苏宁自进军互联网之后，就先后推出了支付、理财、保险、众筹等多项金融业务，而易付宝作为苏宁金融体系的重要自建结算通道和大数据分析源，在其中起到了至关重要的作用。

支付平台中涉及了大量的用户信息和统计数据，如果电商平台不发挥自己获取信息的优势，这些信息就可能会被竞争对手获得。大数据是企业的重要资产，是未来发展的依靠，对于每一家电商来说，支付体系的搭建都关键到大数据体系的搭建。

③以全方位资产管理服务来增加用户黏性

电商企业要留住更多的忠实用户，不仅要迅速建立起自己的支付体系，更为重要的是，还要不断健全这一体系，让用户得到更多便利以及优质的服务，这样才能够增加用户的黏性。

除了第三方支付市场的"龙头老大"支付宝，苏宁、腾讯也在不断地拓展自己的业务外延。腾讯的微信支付已有与支付宝并驾齐驱的趋势，苏宁更是在2015年1月推出了全新理财产品——零钱宝和公共理财产品，而这两项产品也只能通过易付宝来购买。

电商们积极发展自己的支付平台，主要是基于外部竞争和内部拓展这两点因素的考虑。一方面，市场上各家支付平台营销手段百出，竞争激烈；另一方面，一个产品，要发展就需要不断地创新与开拓新市场。将这两点融合到一起，才能使第三方支付的功能不断完善。

2.4　百家争鸣的第三方支付市场

第三方支付发展势头猛烈，不管是传统企业还是互联网企业都纷纷加入第三方支付市场的战局中来，包括支付宝、微信支付、财付通、银联在线、拉卡拉等。可以说，如今的第三方支付市场，已然是百家争鸣、百花齐放。

2.4.1　支付宝——第三方支付市场的霸主

支付宝于 2004 年 12 月成立，经过十几年的发展，支付宝从 2013 年第二季度开始成为全球最大的移动支付厂商，名副其实的第三支付市场的霸主。支付宝主要提供支付以及理财服务，包括全球网购的担保交易、网络支付、转账、信用卡还款、手机充值、水电煤气缴费、个人理财等多个领域。在进入移动支付领域之后，为零售百货、电影院线、连锁商城以及出租车等多个行业提供服务，从 2013 年开始更是推出了以"余额宝"为代表的一系列理财服务。支付宝与国内外 180 多家银行以及 VISA、MasterCard 等国际金融组织机构建立战略合作关系，成为金融机构在电子支付领域最为信任的合作伙伴。

在第三方支付领域，后来者层出不穷，强势黑马更是不少，微信支付就是其中之一。但为什么支付宝仍然能稳居市场第一呢？除了产品本身之外，支付宝层出不穷的营销手段也是其一大助力。

2016 年的春晚，支付宝挤掉了微信支付，成为春晚摇红包项目的第三方支付合作伙伴。

2016 年 1 月 13 日，支付宝 9.5 版本正式上线，春晚红包神器"咻一咻"首次亮相，吸引了不少关注。除了春晚红包之外，支付宝 9.5 版本中还包含了中文口令红包、讨红包、随机红包以及可以区分男女性别的红包。可以说，支付宝集结了近些年来最有趣的红包玩法。

"咻一咻"功能位于支付宝首页，可以用来"咻"人和"咻"商家，也就说，用户只要点击这个功能，就可以"咻"到商家或其他用户发放的优惠和其他彩蛋了。在 2016 年春晚当天，用户不仅能"咻"到春晚现金红包，同时还能与春晚舞台进行互动，参与互动的用户可以分享到一个超级大礼包。同时，春晚"咻"红包活动并不受地域的限制，包括中国香港、中国台湾、泰国普吉岛和清迈等，中国大陆用户及部分支付宝合作商户也有机会收到现金红包和返现等惊喜。除此之外，支付宝春晚红包在"咻一咻"上更加注重福气的传递，设置了一系列的任务，让抢红包、传福气成为春节团圆的一部分。

①支付宝的产品服务

第一，还款。2009 年 1 月 15 日，支付宝正式推出信用卡还款服务，国内 39 家银行发行的信用卡均支持支付宝的此项功能。可以说支付宝是最受欢迎的第三方还款平台，其主要的优势是免费查信用卡账单、免费还款，同时还有自动还款及还款提醒等增值服务。相关资料显示，2014 年第一季度，76% 的信用卡还款都是通过支付宝钱包完成的。

第二，转账。通过支付宝转账分为两种：一是把资金转到支付宝的账号，资金可以瞬间到达对方的支付宝账户。二是把资金直接转到银行卡，可以是自己的资金也可以是他人的，支持百余家银行的转账功能，最快两小时就可以到账。

第三，缴费。从2008年底开始，支付宝就着手推进公共事业的缴费服务，目前已经覆盖了全国300多个城市，与1200多家机构与进行了合作，涵盖到生活的方方面面，甚至连公交卡都可以在支付宝上进行充值。

第四，服务窗。在支付宝的服务中添加相关服务账号，就可在服务窗内获得多种服务，包括银行服务、缴费服务、保险理财、手机通信服务、交通旅行、零售百货、吃喝玩乐相关的服务等。除此之外，服务窗还有很多推荐功能，例如在线预约挂号服务；中国电信推出的"余额宝0元购机享收益服务"（广东地区）；交通违章代办，轻松搞定异地交通违章罚款；等等。

第五，其他服务。余额——支付宝账户的资金被称为余额，可直接用于支付；网银——在支付宝环境下的网银主要是指用户通过网银充值到支付宝余额以及支付时跳转到网银扣款；快捷支付——是为网络支付量身定制的服务，由银行和支付宝直链，能保证支付的安全性以及便捷性；余额宝——可以用于理财，也可以用于日常购物和信用卡还卡；红包——用来抢红包，收发红包。支付宝包含的服务还有很多，基本上涵盖了我们生活所需要的方方面面。

②支付宝的支付方式分类

第一，快捷支付。指支付机构与银行合作直链，形成一个高效、安全、专用的支付方式。快捷支付可有效解决网络银行支付成功率低、安全性低等固有问题。同时，用户资金由支付宝以及合作保险公司承保，若出现资金损失可获得赔偿。

第二，二维码支付。2010年10月，支付宝推出全国首个二维码支付技术，推动了电商从线上线下拓展衍生的发展。2011年7月1日，支付宝在广州发布条码支付，适合线下实体店场景的使用。这是国内第一个基于条形码的支付方案，当时国内还未出现同类支付技术。

第三，声波支付。2013年4月12日，支付宝与合作方青岛易触联合推出了全球首个声波售货机，市面上尚无同类支付技术商用。

第四，NFC支付。2012年7月31日，支付宝推出基于NFC和LBS等技术的新客户端，随后这项技术得到进一步的改进。2014年4月28日，支付宝钱包的8.1版支付NFC功能，用户可以用此功能向北京公交一卡通进行充值。

第五，网络电视支付。2012年3月29日，华数传媒与支付宝推出互联网电视支付，实现3秒支付。

第六，指纹支付。2014年7月16日，支付宝宣布试水指纹支付服务。目前，支付宝钱包用户在三星智能手机 GALAXY · S5 及多款手机上可使用这一服务。如图 2 - 4 所示。

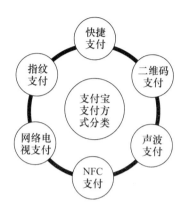

图 2 - 4　支付宝支付方式分类

2.4.2　微信支付——6 亿潜在用户

微信支付是集成在微信客户端的支付功能，用户可以通过手机完成快速支付流程。微信支付是以手机完成的快速支付流程。微信支付是以绑定银行卡的快捷支付为基础的，为用户提供更加安全、方便、快捷的支付服务。

微信支付引起人们广泛关注的是 2015 年的央视春节联欢晚会抢红包活动。2015 年的央视春晚一如既往地成为用户在饭桌上谈论的话题，然而不同的是，微信摇一摇得红包为这个除夕夜增添了不同的味道。

根据微信官方提供的数据显示，除夕当天微信红包的收发总量达到 10.1 亿次，从 20 点到零点 48 分，春晚微信摇一摇的互动总量达到了 110 亿次，使用微信红包参与春晚节目的最高峰值出现在 22 点 34 分，达到了 8.1 亿次/分钟。春节"红包大战"收尾后，微信支付绑定银行卡超过 2 亿张。

当然，微信红包的成功不仅在于它能发红包，关键还是微信支付的强大功能，通过极致的功能体验，让微信支付有了与支付宝并驾齐驱的趋势。

①微信支付的支付功能

第一，线下扫码支付。用户扫码线下静态的二维码，即可生成微信支付的交易页面，形成交易流程。

第二，WEB 扫码服务。是指用户可通过扫描 PC 端的二维码跳转至微信支付交易页面，完成交易流程。

第三，公众号支付。用户在微信中关注商户的微信公众号，在公众号内完成商品和服务的支付功能够买。

②微信支付的安全保障

微信有五大安全保障，能为用户提供最好的安全防护和客户服务，如图2-5所示。

第一，技术保障。腾讯的大数据是微信支付最大的后台支撑，海量的数据和云计算能够及时判定用户的支付行为是否存在风险。同时，基于大数据和云计算的全方位的身份保护，最大限度地保证用户交易的安全性。同时，微信安全支付认证和提醒，从技术上可以保证用户整个交易过程的安全性。

第二，客户服务。7×24 小时的客户服务加上微信客服，能够及时为用户排忧解难。同时微信支付设立了专属的客服系统，能以最快的速度响应用户反映的问题并做出处理和判断。

第三，业态联盟。基于智能手机的微信支付，会受到多个手机安全应用厂商的保护，例如腾讯手机管家，它们会和微信支付一起形成一道安全支付的业态联盟。

第四，安全机制。微信支付秉持着腾讯的一贯传统——重视用户体验，因此，微信支付从产品体验的各个环节都充分考虑到了用户的心理感受，形成了整套安全机制与手段。这些机制和手段包括五个部分：硬件锁、支付密码验证、终端异常判断、交易异常实时监控、交易紧急冻结。通过这一系列的机制对用户形成全方位的安全保护。

第五，赔付支持。一旦出现账户被盗被骗的情况，经核实为微信支付的责任，微信支付将在第一时间进行赔付。对于其他原因造成的被盗被骗的情况，微信支付也会全力配合警方，积极提供相关的证明以及必要的技术支持，最大限度地帮助用户追回损失。

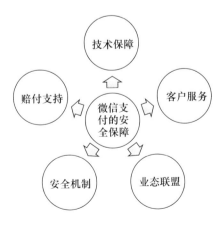

图 2 - 5 微信支付的安全保障

2.4.3 财付通——会支付，会生活

财付通是腾讯公司于 2005 年 9 月推出的专业在线支付平台，其最主要的业务是帮助在互联网上进行交易的双方完成支付和收款，致力于为互联网用户和企业提供安全、便捷、专业的在线支付服务。财付通与拍拍网、腾讯 QQ 有着很好的融合，按交易额来计算，财付通排名第二，份额为 20%，仅次于支付宝。2015年第二季度，财付通的交易规模达到了 4580 亿元，约占总量的 13%。

财付通除了支持网上购物交易支付之外，还包含了许多其他的功能。

第一，信用卡还款业务。即从财付通账户往信用卡账户划拨资金。

第二，生活缴费业务。部分城市开通了使用财付通缴纳水费、电费、燃气费、通信费等功能，如南京、太原、西安、重庆可以用财付通缴纳通信费。

第三，彩票购买。与 500 万彩票网合作进行彩票的买卖活动。

第四，虚拟物品中介保护交易功能。如果用户玩的是腾讯旗下的网游游戏，那么在用户出售装备或者购买游戏时，就可以通过财付通里的虚拟物品中介保护交易来进行交易操作。财富通的虚拟物品中介保护交易功能在处理交易纠纷上非常人性化，腾讯把游戏后台的交易数据，直接运用到交易的安全方面。如果在买卖中，用户出现了被骗现象，那么在被骗以后，用户就可以直接打电话给财付通的客服进行投诉，客服会在调查买卖双方的游戏交易数据后，帮助受害者找回装备。

2.4.4 银联在线——综合商务门户网站

银联在线是中国银联倾力打造的互联网业务综合商务门户网站，为广大银联用户提供更加安全、便捷、高效的互联网支付服务。银联在线有中国银联作为支持，因此自创立以来就发展得极为迅速。

银联在线支付受到越来越多的银行、商户以及持卡人的广泛认可和欢迎，其中就包括建设银行。建设银行继借记卡业务之后，信用卡业务也完成了与银联系统的对接和调试，正式接入"银联在线支付"。此举意味着超过 3000 万张的建设银行信用卡持卡人都能通过"银联在线支付"，享受网上支付的安全、快捷以及高效。

除此之外，银联在线支付为了吸引更多的用户，在营销推广上也是全面发力。2016 年的春节，"银联在线支付"携手中国银行，为中国银行广大借记卡持卡人推出了"新年网购开门红"的活动。

从 2016 年 1 月 7 日至 2016 年 3 月 31 日，持有中国银行猴年生肖卡、薪享卡、富农卡、商贸通卡、新版校园卡、留学生卡、员工卡的用户，在活动中使用

"银联在线支付"进行网购，单笔消费满 100 元即可立减 30 元，每天有 4000 个名额。在这个活动中，每个持卡人每月最多有 3 次享受立减优惠的机会。如果持卡人在这个活动期间充分参与，单卡最多可享受 270 元的优惠，对于持卡人的回馈力度不可谓不大。

①银联在线提供的服务

银联在线依托具有中国自主知识产权，国内领先的银联 CUP Secure 互联网安全认证支付系统以及银联 EBPP 互联网收单系统，为银联用户建立了银联便民网上平台、银联理财平台以及银联网上商城三大业务平台，同时为广大持卡人提供公共事业缴费、通信缴费充值、信用卡还款、跨行转账、账号单支付、机票预订、基金理财以及商城购物等全方位的互联网金融支付服务。

第一，银联便民网上支付平台。其内容包括信用卡跨行还款、水电燃气缴费、移动电话以及固定电话缴费充值。

第二，银联理财平台。其内容包括基金直销业务、银行理财产品销售业务。

第三，银联网上商城平台。其内容包括精选优质商户，为持卡人提供各种商品的网上购物支付服务。

②银联在线支付的优点

银联在线支付是中国银联联合商业银行共同推出的集成化、综合性、开放性的网上支付平台，全面支持各种类型的银联卡，涵盖认证支付、快捷支付、普通支付、网银支付等多种支付方式，可以为持卡人的购物缴费、商旅预订、慈善捐款、转账还款等提供"安全、快捷、多选择、全球化"的支付服务。

银联在线支付具有方便快捷、安全可靠、全球通用、金融担保交易、综合性商户服务和无门槛网上支付等六大显著特点。基于特殊的"无卡通道"，用户使用银联认证支付、快捷支付以及普通支付时，就无须再使用网银，能快速完成交易。

目前，银联在线支付几乎覆盖所有的银联卡发卡银行，淘宝、京东、苏宁易购、当当网等各大主流电商网站都可以使用银联在线支付。

2.4.5 拉卡拉——遍布社区的便利店

拉卡拉成立于 2005 年，属于中国综合性互联网金融集团之一，是联想控股成员企业。业务范围涵盖支付、征信、信贷、理财、股权众筹等多个领域。拉卡拉自成立后发展迅速，2015 年更是成绩斐然。根据易观智库近期公布的 2015 年《中国第三方移动支付市场第三季度监测报告》来看，拉卡拉环比增长超过 28%，高于行业的平均水平。以支付为基础，拉卡拉在信贷、理财和征信等业务方面的表现也非常抢眼。2015 年，拉卡拉已拥有超过 1 亿的个人用户和超过

4000 万的商户。随着平台的发展，截至 2015 年 10 月，拉卡拉单月信贷交易量已经突破了 100 亿元，预计 2016 年平台年交易总量将达到 2.7 亿元人民币。

拉卡拉之所以能在第三方支付领域发展得好，就是因为它一直都敢于创新。自 2005 年成立以来，就不断地推陈出新。2015 年 12 月，拉卡拉推出一款"互联网 POS＋"产品。这款产品以一种开放的姿态支持多种支付形态，通过"互联网 POS＋"这一个终端，就能完成收单、还款、缴费以及理财等方面的业务。

相比于传统的 POS 机，"互联网 POS＋"可支持银行卡、扫码支付、NFCS 闪付等多种支付方式，充分满足用户的各种需求。拉卡拉"互联网 POS＋"通过大数据分析与考拉征信模型相结合，可以更精确地了解商户的经营状况，提供更加全面、更大范围的商户信用分析，从而为商户提供在线申请、无须抵押和担保的融资服务。

①拉卡拉的部分服务

第一，理财。拉卡拉理财服务为用户提供诚信、透明、公平、高效、创新的互联网金融平台，以稳健的收益充分满足投资者保值增值等方面的需求。

第二，信贷。基于考拉信用分，拉卡拉可以为个人以及小微企业提供多种信用贷款，金额从 1000 元到 20 万元不等，周期可从一天到一年。截至 2015 年 9 月底，卡拉卡累计发放了 50 亿元的个人信用贷款，超过 100 万人次，同时为超过 20 家万小微企业发放了超过 400 亿元的信用贷款。

第三，征信。拉卡拉旗下的考拉征信公司，是由拉卡拉联合多家中国企业共同建立。目前，考拉征信服务的日查询量峰值超过 40 万笔。

第四，支付服务。拉卡拉的支付服务包括四个方面：一是终端支付。卡拉卡在中国的 300 多个城市设立了 50 多万台自助终端机，几乎遍布社区的每个超市，每天为超过 400 万人提供缴费、转账、支付、信贷以及保险等方面的服务。二是移动支付。拉卡拉是中国最大的移动支付硬件运营商，累计出货量已经超过 1000 万台，年交易金额超过 5000 亿元。三是 POS 收单。拉卡拉在 2013 年推出整合了 CRM、ERP 等企业服务的云 POS。目前，拉卡拉拥有的商户量超过 400 万，年交易金额超过 1.5 万亿元。四是跨境支付。当前，拉卡拉跨境支付业务可支持结算的货币种类超过 20 种，支持个人与企业间互联网跨境结算，企业可通过拉卡拉进行全球化结算业务。如图 2－6 所示。

②拉卡拉的产品

第一，拉卡拉开店宝。其集合了支付、生活、金融、电商多功能于一体的金融及电子商务服务终端，为用户提供社区金融及电子商务平台服务，具有自助银行、便民缴费、生活服务、社区金融、商户收单等多种功能。

第二，拉卡拉手机收款宝。这是一款移动支付终端，专为满足小微商户的收款需求而设计。它拥有成熟的支付解决方案，可通过蓝牙以及音频的连接技术去配合相关的客户端，与智能手机进行通信，为使用者提供收款、转账、信用卡还款、手机充值等多项金融服务。

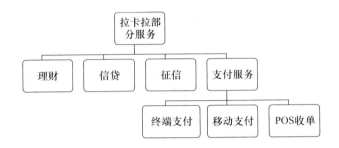

图 2-6 拉卡拉部分服务

第三，拉卡拉手环。这是一款专注于支持多卡合一的创新可穿戴设备。支持PBOC3.0 标准的电子现金卡，同时还接入了全国各地一卡通和各种类型的行业卡，为用户提供全场景下更高频、更快捷、更小额的免密交替服务。

2.5 第三方支付，如何省钱和获利

时下，越来越多的人在使用第三方支付，但是人们对于第三方支付的认知大多数停留在便捷支付上，其实第三方支付还有两个功能是用户很少注意到的，就是省钱和获利。

2.5.1 购买第三方支付的优惠产品

网购之所以会流行，是因为快捷、便宜，但大多数网购者却不知道，在网购中扮演了重要角色的第三方支付，其实也可以给他们带来优惠。

很多第三方支付方为了覆盖更多的场景以及吸引更多的用户，都会和一些第三方平台合作，推出优惠产品。喜欢网购的用户们除了在京东商城、淘宝、唯品会等大型商务网站购物外，不妨去第三方平台找找便宜。

外卖软件饿了么可以说是 2015 年的一匹强势黑马，不管是其服务的内容，还是其优惠营销的力度都获得了外界不少的关注。饿了么的优惠营销，第一步就体现在与第三方支付平台的合作上。

饿了么推出过许多优惠活动，如首次下单的用户可以优惠 10～20 元，同时

用在线支付软件支付满25元减5元，满40元减8元，满55元减11元。饿了么与不同合作商家推出的在线支付优惠力度不同，具体看商家而定。通过第三方支付和饿了么商家的合作，用户不仅可以获得饿了么本身推出的优惠，还可以获得由第三方支付提供的优惠，如此算下来，用户可以节省不少钱。

①从第三方支付平台寻找各类优惠商品

目前，国内主流的第三方支付平台都开通了相应的频道给用户提供各类优惠活动信息，如支付宝的淘宝B2C商城，易宝支付的"占便宜指南"，财付通的折扣街，等等。

易宝支付的"占便宜指南"，每天定时更新商家的各种优惠信息，而这些商家都是易宝支付长期以来的合作伙伴，给用户带来优惠产品的同时，还能保证真正做到产品的物美价廉。用户只要选择自己感兴趣的商品，参与商家促销活动，通过易宝平台支付就能够得到比市场更便宜的产品。

②通过第三方支付购买充值卡

以往，我们为手机充值的方式就是到各类运营商的充值卡销售地点去购买充值卡充值，不管何时，都要跑到户外去，而且还常常面临购买不到充值卡手机停机的窘境，除此之外，在购买时可能还需要多付一点钱的，例如充30元需要32元，充50元需要51元等。但是如今，用户只需要通过电脑或手机利用第三方支付充值即可，随充随到，而且还更省钱，例如100元只需要98元。

③第三方支付推出的电影票更便宜

以往，看电影只能去电影院买票，如果不是会员，一张2D电影票就需要近百元，但是自从第三方支付与各大电影院、各大电影制片方合作后，电影票价越来越便宜。一般情况下一张2D电影票只需要40元左右。赶上第三方支付平台或者电影制片方做活动时，十几元甚至几元就可购得一张电影票。例如，2016年的元旦，微信支付就推出了9.9元电影票，与其合作的是热门电影《一切都好》。

④用支付宝或微信买菜

除了覆盖网上的购物场景，第三方支付还覆盖了不少线下场景。例如一些社区门店、传统菜市场，这些与用户生活息息相关的生活场景，也出现了第三方支付的场景。利用支付宝或者微信支付，除了可以免除找零的麻烦，还可以获得不少的优惠。我们时常可以在一些社区门店、传统菜市场看到"用微信支付，省多少"的广告语。

2.5.2 刷卡成本高，移动支付省不少

随着"互联网＋"的兴起，2015年起，以微信支付、支付宝为首的第三方支付移动支付企业开始跑马圈地，除了继续维持线上的覆盖策略之外，大举拓展

线下，蚕食银行的刷卡支付蛋糕。

2015 年初，一则关于"2015 年支付宝将全面进军线下，对线下商户实行扫码服务 0.6% 手续费且首年返还"的消息横扫整个支付市场，引起不少商户的关注。相比于传统 POS 机线下刷单收取 1% ~3% 的手续费率，支付宝 0.6% 的手续费价格居中且统一，对一些手续费定价较高的行业吸引力很大。因此，很多线下商户都推出了支付宝支付、微信支付的服务。

名创优品是一家出售各类小商品的精品店，它在引进 POS 机的同时，又推出了微信支付服务。根据实地考察，名创优品的消费者在买单时多数选择的是微信支付。

造成这种现象的原因有以下两点：一是由于名创优品的用户特征形成的。名创优品卖的都是一些年轻人喜爱的小商品，所以用户也多是年轻人，而年轻人则是微信的主要用户。名创优品推出的微信支付自然得到不少年轻用户的认可和欢迎。二是微信支付只需收取 0.6% 的手续费，比传统的 POS 机刷卡费用低了不少。因此，在刷卡时，名创优品的工作人员也会推荐用户使用微信支付。除此之外，微信支付还有一个功能就是在用户微信支付之后，用户的微信会直接关注名创优品。

第三方支付为商户带来的好处主要有以下两点：

①第三方支付为商户节省高额刷卡手续费

刷卡，是除了现金之外，最为常见的一种付款方式之一。大部分的商家都在店内装了银行的 POS 机，供用户使用。这么做的目的，就是为了给用户提供便捷支付的同时，还提高了用户的消费单价。特别是那种单价较高的商家，很少有人会随身带着大笔的钱，如果商户不能提供刷卡服务，用户往往会放弃购买。但是商户也因为这高额的刷卡费率发愁。卖出一件产品，扣除成本、租金、人力、耗损等方面，所得的利润本身就不多，还需要给银行一笔结算费。移动支付出现后，解决了商户不少烦恼。

②第三方支付可为商户带来更多的附加值

从 2015 年 8 月开始，面对移动支付的冲击，各银行开始降低并逐步统一各行业的刷卡费率。但是在很多商户看来，移动支付是未来趋势。虽然短期内移动支付还难以完全替代银行卡，但是却得到越来越多的商户认同。有商户甚至表示即使刷卡费率下调，也不会选择银行卡，因为交易的速度太慢，企业的运营成本高。

刷卡的操作过程是"工作人员开启 POS 机—用户从包内掏出银行卡—刷卡—输入密码—等待单据输出—手写签字"。这个过程太过烦琐，对于人流较多的企业，例如超市，要付出不少的运营成本，而微信、支付宝扫码只需要 3 秒钟交易就可完成。

除此之外，移动支付在客户引流、营销推广、大数据挖掘等方面的附加值，也是吸引各个企业的重要因素。因为移动支付通常会绑定客户信息、手机号等，这位企业管理客户资源、开展针对性营销提供了资源。

2.5.3　用第三方支付理财，随时随地赚钱

现在，第三方支付纷纷推出理财产品，例如微信的理财通，支付宝的余额宝，等等。这些新型的理财产品受到了不少用户的欢迎，而余额宝更是一度让传统的理财企业感觉到了巨大威胁。

理财通是腾讯推出的一款专门针对移动端的理财产品，用户只要打开微信就可购买理财通的产品。理财通在 2015 年位列"宝宝类理财"第一名，其发展的速度可与支付宝当年的余额宝相比。

之所以能有如此好成绩，是因为理财通是基于微信而生的产品，有微信这个用户信任体系极高的平台作为支持，起点会更高。除此之外理财通内含于微信和QQ上，用户可以随时随地打开手机了解自己的理财产品收益情况，无须另外再下载 APP 占用内存，其随时性、便捷性获得了用户更多的认可。除此之外，理财通还可小额购买。以其中的"易方达基金易理财"为例，0.01 元就可起投。

①第三方支付在 P2P 理财中的作用

传统的理财交易方式是一手交钱，一手交货，这其中是没有第三者存在的。但随着电子商务以及金融业的发展，对资金的安全性和效率的要求越来越高，第三方支付是为了解决其中产生的一系列问题而出现的。在交易的过程中，第三方支付进行资金传递的同时，还可对交易双方进行约束和监督。第三方支付本质上是一种资金的托管代付，解决了用户和理财企业之间的信任难题，在成功地解决了资金的安全流转之后，能够让交易双方更加安全放心地进行网上交易。支付宝和微信支付都已经成功建立起了用户信任体系，对比于其他理财企业，用户对支付宝支付和微信支付的信任度更高。因此，支付宝和微信支付推出的理财产品颇受用户欢迎。

②第三方支付解决了用户理财时间碎片化的问题

如今是个碎片化的时代，用户很少有大量的时间去做一件工作之外的事，而理财是需要用户花费大量时间的投资行为。在 PC 时代，用户如果想要看到自己的理财情况，就需要打开 PC 端的电脑，很不方便。但自从第三方支付出现在移动端之后，用户因时间碎片化无法随时得到理财信息的问题得到了解决。以支付宝和微信支付为代表的第三方支付，让用户随时都能打开手机，获得理财信息。

③第三方支付让用户的零钱有处可去

在大多数人的观念中，理财是需要一笔大额资金的。但是第三方支付推出的一系列产品，却彻底改变了用户们的观念。现在，不管你有几万元、几千元甚至是几十元都可以进行理财。在平常，人们是不会对几块钱有过多的关注，但是通过第三方支付可以积少成多。虽然几块钱平日里没什么用，但是经过一年的积累，再加上理财时的获利，用户就可让零钱也有处可去。

2.6 生活大小事，第三方支付帮你全搞定

第三方支付之所以会越来越受欢迎，就是因为它推出的所有功能都能有效解决用户在生活中的痛点。无论是第三方支付领域的哪一款产品，只要推出一个新功能，都是与用户生活息息相关的。可以说，第三方支付已经全面融入用户的生活，给用户生活带来了极大的便捷。现在，用户已经离不开第三方支付。

例如，微信支付。我们打开微信支付的钱包就可以发现页面中的"生活缴费"功能，该功能里就包含了水、电、煤气、固话、公交卡等缴费。只要用户所住地区有涵盖到微信生活缴费中去，就可以直接使用微信支付购买，无须再跑到实体缴费点。

①生活缴费，不用再跑腿

现在的人们越来越"宅"，互联网的发展是最大的主因，而第三方支付则占据了主因中的一大部分。以"移动支付"为代表的第三方支付给用户的生活带来了极大的便捷性，许多生活上的琐事，直接依靠手机上的移动支付软件就可搞定。例如，以往我们给朋友转账，就需要去自助取款机处或是银行才能完成，现在只需要通过手机转账即可完成，而且到账速度很快。又或者是交水电费，在以往我们都要到去水电服务点去缴费，但是现在很多第三方支付都可以进行水电费缴费。还有手机充值、购买电影票等通过第三方支付就可直接完成。

②交通出行，手机在手，说走就走

在过去我们买火车票或飞机票，需要大半夜起床到售票点去排队，而现在只需要通过手机，就可进行购买支付，再也无须顶着寒风，半夜里站在街上等着售票点开门。除了12360网之外，像一些旅游网，特别是第三方支付网站都可购票。其实在第三方支付软件上购买火车票、飞机票是最方便的，因为无须安装任何支付控件，直接就可以购买。可以说，第三支付在交通上让人们实现了"说走就走"的愿望。

2.7　防范为本，安全支付

近几年，第三方支付行业迅速发展，但发展的同时风险事故也频繁发生，用户信息被泄露、伪卡欺诈、网络欺诈、套现等网络犯罪案件迅速攀升。第三方支付业务已经成为银行犯罪的新高发部位。但是，因为互联网的虚拟性，用户的财产一旦受到损失就很难追回。因此，有必要对第三方支付行业的风险进行详细的分析与识别。

①第三方支付所面临的风险

第一，政策风险。第三方支付同样受到宏观环境的影响，宏观环境好，第三方支付所要承担的金融风险也就随之降低，宏观环境不好，第三方支付承担的金融风险就会随之加大。政策风险可以说是第三方支付的一大难题之一。2014 年以来，关于第三方支付的争论就未停息过。2014 年 3 月，央行就下文要求支付宝和财付通暂停二维码支付和虚拟信用卡业务。这在一定程度上影响了第三方支付的发展。2015 年 7 月 31 日，央行发布了《非银行支付机构网络支付业务管理办法（征求意见稿）》（以下简称《管理办法》），向社会公开征求意见。这是继2015 年 7 月 27 日保监会发布《互联网保险业务监管暂行办法》之后的第二个互联网金融监管细则。《管理办法》的出台意味着对互联网金融监管的逐步加强，同时也意在促进该行业规范发展。但此次政策可能引发第三方支付市场重新洗牌。第三方支付业务常涉及银行法、证券法、消费者权益保护法、隐私保护法、知识产权法以及货币银行制度、财务披露制度等。因为第三方支付属于新兴事物，即使国家与政府已经意识到了对第三方支付监管的重要性，但相关的法律法规还未完善。因此，一旦出现新的法律法规，都将引起第三方支付的风险。

第二，沉淀资金、洗钱、套钱风险。对于第三方支付公司来说，金融风险还包括了沉淀资金、洗钱、套现等方面的风险。之所以会出现这些问题，是因为第三方支付公司主要面临以下几个难点：首先，主体的虚拟性。大部分交易都不是实名制。其次，交易本身的虚拟性。网络交易很难核实过程，控制交易程序。再次，网络的遍及性、传播范围的广泛性。最后，第三方支付的跨国性。解决不同国家法律之间的差异存在着一道法律障碍。正是因为这些原因，利用第三方支付进行的洗钱和套现等犯罪活动对第三方支付公司自身的控制和监管能力以及国家的监管能力提出了更高的要求。

一是沉淀资金的风险。在交易过程中，当买房者把资金转到第三方账户进行资金保管，买房者仍然拥有资金的所有权。当受到商品确认付款后，资金的所有权就会转到卖方手中。而在这个过程中，资金就成了在途资金，沉淀在了第三方支付的手中。与传统银行相比，第三方资金的在途资金沉淀时间更长，加上买卖双方暂存在支付平台账户内的资金，随着用户数量的增长，沉淀的资金就会越来越庞大。如果第三方支付公司投资失败，投资资金无法收回，第三方支付将会受到重大的流动性风险。

二是洗钱风险。第三方支付出现后，让洗钱犯罪得到了不少机会。首先，网络交易具有隐蔽性。网络交易的多个环节都可以用来洗黑钱，而且速度极快，瞬间可到账，监管机构很难掌握全部环节。其次，网络交易在一定程度上脱离了传统监管部门的监管。第三方支付的款项与银行的款项的流动是呈现分割状态的，因此，监管机构很难追踪到款项的流动。最后，网络交易真假难辨，增加了监管机构的监测难度。网络交易具有虚拟性，从外部来看很难辨别是否真的进行了交易，影响了监管机构的判断。这几个原因都是第三方支付会产生洗钱风险的最根本原因。

三是套现风险。通过第三方网上支付平台进行套现，是指持卡人通过互联网进行虚假交易，利用第三方网上支付平台套取信用额度并获得现金的行为。这样，持卡人就可长期套取银行资金，实现无息用款，而第三方支付平台仅是充当了中介的作用。信用卡套现是一项央行严厉打击的非法行为，不法分子通过套现，造成银行资金损失，情况严重的则可能影响我国金融市场的稳定性。

第三，操作、数据风险。

一是操作风险指的是第三方支付机构因为信息系统的不完善，内控机制失灵、操作人员违规操作、诈骗或者其他一些原因而导致的直接或者间接的损失风险。因为第三方支付的各个平台没有统一的使用流程，一旦用户疏忽大意，就很容易引起第三方网上支付中的操作风险。操作风险多是由人为错误、系统失灵、操作程序发生错误或是控制失效而引起，其内容就涵盖了第三方支付机构内部的诸多风险。

二是数据风险。如今是信息高度发展的时代，带来大量数据的同时，也带来了不少的风险。首先，数据存储问题。海量的数据需要大量的存储设置以及先进的数据处理技术，企业很容易遇到数据开发处理的瓶颈。其次，数据的保管与维护。数据管理不善很容易导致数据不一致、集中度低、共享度低。最后，数据安全问题。由于第三方支付的接口直接同银行关联，所以在支付时会保留客户姓名、身份证号、银行卡号、密码等关键信息，因此很可能被不法分子通过系统漏洞盗取数据信息，从而盗取用户资金。如图2-7所示。

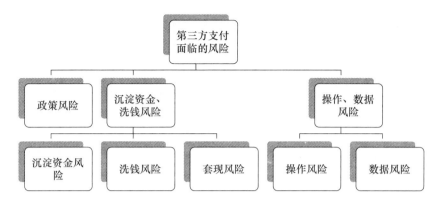

图 2-7　第三方支付面临的风险

②第三方支付风险防范建议

第一，宏观监管。就是从宏观层面对第三方支付进行规范，促进第三方支付持续、健康、协调发展，防止第三方支付引起混乱和风险。第三方支付风险防范可以从以下几个方面进行：一是明确监管机构。第三方支付监管机构主要是中国人民银行，如果中国人民银行委托商业银行进行管理，就必须认真执行托管方的指令，严格执行相关规定，密切监控专户的资金流动情况，确保资金的合法使用。这样不仅能提高监管效率，同时还能降低监管成本。二是完善法律法规并强化执行。当前，中国人民银行已经颁布了不少相关法规，明确了"结合国情、促进创新、市场主导、规范发展"的监管工作思路，对第三方支付的一系列流程进行了规定，已经有了一个初步的具有指导意义的监管框架。不过，因为第三方支付的问题牵涉的范围太广、问题太多，相关的法律法规还需要进一步完善。三是建立健全市场准入制度以及退出机制。我国对第三方支付采取了许可证制度，对取得许可证提出了注册资本最低限额、管理人员、设施、风险管理措施等方面的具体要求。在加大对现有支付业务许可条件执行力度的同时，也需要建立健全的市场推出制度。对于不符合条件的第三方支付商，要采取摘牌、收购或者兼并等方面的措施，使其退出第三方支付市场。

第二，行业自律。一是加强与政府的沟通。第三方支付行业应该积极与政府沟通，向政府传达企业共同要求的同时，协助政府制定和实施行业发展规划、产业政策、行业法规以及相关法律，向政府提出相关建议，促进第三方支付行业健康发展。二是建立评价标准体系。第三方支付商要建立一套行业服务标准，明确自身的义务以及责任，并以诚信作为自己的发展重点，保护好用户的利益。同时，建立第三方支付商评级体系，建立统一的评价标准，对第三方支付进行评级。三是加强与用户的沟通，树立第三方支付的良好形象。第三方支付被用户接

纳和使用，在很大程度上是来源于对第三方支付的信心以及信任。因此，良好的
形象对于提升信心、防范风险有着重要的作用。如图 2-8 所示。

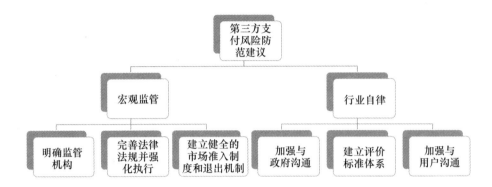

图 2-8　第三方支付风险防范建议

Chapter 3 众筹
——人人都是投资天使

新东方联合创始人徐小平说："这是一个创业者最好的时代，创业者第一次被当作了英雄。在这样的时代里，众筹作为一种新的投融资渠道和创投之间的纽带，高效、亲民、平等，滋养了更多的创业者。"确实，众筹的出现给创业者带来了更多的机会，只要有能力创业，就不用再为融资而烦恼。同样地，众筹的低门槛给了更多人投资的机会。在众筹的世界中"人人都可成为投资天使"。

3.1 众筹与互联网金融

众筹是互联网金融的模式之一，近几年更是发展迅速。越来越多的人觉得众筹将成为互联网金融的主角。那么众筹与互联网金融到底有着什么样的关系，是否真如人们所说众筹将是互联网金融的重心呢？

3.1.1 互联网金融催生的众筹

互联网金融众筹模式来源于一定的基础，这个基础主要分为互联网基础和经济基础。互联网信息获取和处理成本打破了地域限制，降低了中小企业的风险，为资金参与高风险项目提供了可能，同时还可以高效地将项目方与投资方进行合理的匹配。可以说，互联网的这些特点为众筹模式奠定了坚实的基础，没有互联网，没有互联网金融，众筹就不可能发展到现在的这个规模。众筹的经济基础主要体现在三个方面：第一，众筹可以通过高度分散透明的互联网集资方式来降低项目筹资方的资金成本；第二，可以让广大的投资者获得投资高回报项目；第三，众筹除了可以让投资者获得参与新产品创新的机会，同时也能让平台方获得中介费收益。

从 2011 年开始就进入中国的点名时间、人人投、追梦网，再到如今的众筹新贵京东众筹、淘宝众筹等，这些众筹网站无一不是在互联网金融的基础上发展起来的。众筹，它是除了 P2P 网贷、第三方支付之外的第三大互联网金融模式。

淘宝众筹虽然起步得晚，但有淘宝网站这个强大的靠山，如今可以算得上是众筹平台中的翘楚。淘宝众筹成立至今，帮助许多中小微企业以及个人创业者渡过了资金难关，也让许多投资人找到了稳定的投资渠道。

淘宝众筹依附于淘宝网，在淘宝众筹发起众筹项目，只有具有淘宝卖家资质才可发起，这样可有效保证投资人的投资利益，降低投资风险。截至 2016 年 2 月 25 日，淘宝众筹已累计筹款 142373 万元，累计支持人数达到了 876.5 万元，单项支持金额达到 3559 万元，单向支持最高人数为 34.8 万元。

在以往，如果中小微企业或者个人创业者想要融资，就只能通过传统银行或天使投资，不仅需要经历层层审核，从银行融资还需要背负庞大的利息。如果想要以一定的物质作抵押，一时之间也很难申请下来。但是有互联网金融大背景的众筹平台，则可以完全解决这个问题。互联网的无边界可以帮助企业找到合适的投资人，在线支付和第三方管理也充分保证了投资者的财产安全。

①无边界性助力众筹兴起

传统众筹为什么在发展的过程中一次次夭折？最大的原因就是时间、空间上的限制，众筹项目的信息被固定在一个有限的时间、空间中，因此很难获取大量的支持者，而互联网金融的无边界性，让众筹突破了时空局限。通过互联网，众筹的项目信息可以让全中国甚至全世界的人都知道。信息扩散越广，受众也就更多。

②信息获取和处理的低成本有效降低了众筹风险

互联网金融是在互联网带来的信息获取和处理低成本的技术上诞生的，而众筹的兴起也是基于这个基础。在众筹平台上，中小微企业和个人创业者可以自行发布项目、设定项目资金、时间以及回报形式，然后获得支持者。不用像传统融资方式一样需要大量的资料以及一定的资产来作为证明和保障，只要在众筹平台上发货就得到关注。而用户只要打开众筹网站，就可以找到自己感兴趣的项目。不管是发起人还是支持者获得众筹信息的成本都非常快速且低廉。

3.1.2 在线支付让众筹成为现实

回顾众筹的发展，就可以发现众筹在几百年就已经出现，但为何一直得不到大的发展？其原因不是没有好平台、好项目、好受众，而是因为没有支付的渠道。而众筹为什么能在近几年又得到快速的发展，就是因为有支付渠道出现了。在线支付的出现无疑解决了众筹一直以来无法解决的支付困境，让众筹往前大大地迈进了一步。

以淘宝众筹为代表的众筹平台如果没有在线支付的普及，是无法获得成功的。支付一直是众筹的一个大难题。通过银行汇款，不仅麻烦还要收取一大笔手续费，这对于很多人来说成本很高，而且传统的支付方式也无法支付小额汇款。

淘宝众筹上的项目几元到几十元的小额众筹项目比比皆是，而传统的支付方式无法支付 100 元以下的汇款。如果将众筹项目的最低档位调到传统支付可接受的程度，那么众筹项目肯定得不到如此多人的支持。众筹筹的是大家的力量，如果是大笔的资金，多数人不愿冒这个风险。但是在线支付不管是 1 元还是几十万元都可以支付。同时，在线支付是通过互联网完成的，支持者在支付的过程中会留下资料，如果项目不成功，自然会退款给支持者。

①给投资人设置最快捷的支付方式

现在的在线支付方式有很多种，每种在线支付的用户群都不一样。因此，众筹平台在设置支付方式时，除了连接各大银行的快捷支付，还设置了支付宝和微信支付。

②给投资人提供最安全的支付方式

当在线支付越来越普遍，安全问题也随着产生。因为支付安全问题而导致用户财产损失的新闻屡见不鲜。所以众筹平台在做支付安全工作时，除了一些高技术的防病毒、防木马方面的工作，也可以在支付页面上提醒投资者注意防范风险。

3.2 什么是众筹

众筹，翻译自国外的 crowd funding 一词，意思就是大众筹资，是指用团购 + 预购的形式，向大众募集项目资金的模式。众筹利用互联网的特性，让中小微企业、个人创业者向公众展示他们的产品和创意，吸引大众的关注，获得他们的支持，进而获得所需要的资金援助。

与传统的融资方式，众筹更加开放，能否获得大众的资金支持也是由项目的商业价值作为唯一标准。只要是大众喜欢的项目，都可以通过众筹方式获得项目启动的第一笔资金。

3.2.1 众筹兴起的原因

众筹最初只是艺术家们为了实现自己的创作而使用的一个筹措资金的手段，发展至现在，已经变为中小微企业和个人创业者为自己的项目获取资金的一个新渠道。众筹网站更是欢迎有创意、有产品的人前来发起项目，众筹项目发起人可以向几乎完全陌生的人筹措资金，打破了传统融资的局限性。

①众筹起源于美国

众筹起源于美国，主要是通过利用互联网向公众筹资，让有创造力的人获得他们所需资金的机会，以便实现他们的梦想。这种模式的兴起颠覆了传统的融资模式，让每个人都有获得资金的公平机会。无论你是谁，只要有能力就可以通过众筹获得从事某项创作或活动的资金。众筹模式的出现使风投、银行等机构不再成为唯一的融资来源，还可以来源于大众。

②众筹的发展经历了三个阶段

众筹自 2009 年在国外成立以来，经历了三个阶段：第一个阶段，通过个人力量就能完成众筹项目，支持者所投资的成本较低，融资人较为容易获得支持；第二个阶段，是技术门槛微高的产品，例如一些科技产品之类的；第三个阶段，需要小公司或者多方合作才能实现的产品，这个阶段的项目规模一般比较多，团队较专业、制作能力也较精良，因此也能吸引到较多的资金。

③中国众筹的兴起

众筹在中国出现的时间是 2011 年 7 月，点名时间是中国上线最早的众筹平台，也是国内发展最成熟的众筹网络平台之一。其公开的数据显示，点名时间上线不到两年就已经接收了 700 多个项目提案，有近 700 个项目上线，成功率达到50%。截至 2013 年 4 月，点名时间一直是国内众筹单个项目的最高保持着。不过在 2014 年 7 月 14 日，点名时间正式脱离众筹模式，转向智能产品首发模式。

3.2.2　众筹的构成和规则

每个东西都有其独特的构成和规则，众筹也一样。融资人要准确把握，让自己的众筹项目多获得一分成功的机会。

一款耳机价值多少？相信不同企业卖的耳机有不同的价值，市面的耳机最低的 10 元，最高也不过万元。但是在众筹网站却有人给出了一个惊人的答案——1240433 元。一款耳机而已，居然有这么高的价格。原来这是 GEEKERY 在众筹网发起的一个众筹项目，该项目在 2015 年 5 月 13 日发起，2015 年 6 月 17 日结束。该项目在设定时间内达到并超过了原先所设定的目标金额，最终获得1240433 元。

那么这个项目是如何成功的呢？其实除了本身的产品足够吸引人之外，关键是它还把握住了众筹的构成和规则。

GEEKERY 时间把握得非常好，其设定的项目时间为 1 个月零 4 天，一个月的时间刚刚好，既不会因为时间过长而消耗支持者的热情，又不会因为时间过短而让项目增加失败的风险。与此同时，GEEKERY 又利用回报 + 惊喜的方式刺激支持者的参与热情。从 2015 年 5 月 15 日开始，每天上午 10 点后，第一个支持者将获得联想黄金斗士S8 4G手机一部，送完10天为止。这种额外的奖励回报更是大大提高了还在观望状态中投资者的热情。GEEERY其设定的目标金额是5万元，但项目结束后，获得了1240433元，超过原目标2481%倍的成功，就是因为对众筹构成和规则的有效把握。

①众筹的构成

众筹的构成主要有三个方面：一是发起人，有创造能力但是缺乏资金的人。二是支持者，对筹资者的项目和回报感兴趣。三是平台，链接发起人和支持者的一座桥梁，一个互联网终端。

②众筹的规则

第一，众筹项目必须在发起人设定的时间内达到或者超过设定的目标金额才能成功。

第二，在设定时间内达到或者超过目标金额，项目即成功，发起人即可获得资金。项目完成后，支持者就可得到发起人预先承诺的回报，回报的方式多样，有实物也服务。如果项目在设定天数内达不到目标资金，则项目失败，平台会将已投资的支持者资金退还给支持者。

第三，众筹不是捐款，支持者的所有资金都必须设定相应的回报。

3.2.3　众筹的投资优势

众筹之所以会以这么快的速度在中国发展起来，必定是有其优势存在。众筹相比于传统的融资方法优势非常明显——低门槛、多样性、方便快捷。

在以往，一个节目如果想要推出，都是依靠电视台以及冠名商的支持。一个节目即使再好，如果得不到电视台或者广告商的资金支持那么就肯定无法播出。因此很多时候，电视节目的生死存亡都是由所属单位或广告商决定的。广告商很可能会因为个人喜好而选择放弃冠名或投资该节目，电视台很可能因为收视率没有达到原先的目标，或者给其他节目让道而让该节目下线。但是罗振宇的《逻辑思维》打破了这种被动局面，他用众筹的方式改变了媒体的生存形态。

2013年，《逻辑思维》实现了两次付费会员制：普通会员200元，金牌会员1200元。但是即使成为《逻辑思维》的会员，罗振宇也不会去保证会员的任何权益。罗振宇曾是央视的制片人，后离职央视，希望自己做节目。但是一个离职的且名气不高的制片人，一般是很难获得资金来开创新节目的，但罗振宇发现了众筹的优势。在开创《逻辑思维》一段时间，用优质的内容吸引到大批粉丝之后，他通过众筹模式成功地拉拢粉丝为自己的节目募集资金，让自己的节目得以继续运行。

众筹的优势就是公众的力量，公众的喜好决定了一切。而《逻辑思维》就是利用公众的喜好、利用公众的力量让自己的节目获得成功。

①众筹融资模式更为开放

与传统的融资方式相比较，众筹的融资模式更加开放。只要你有能力，就可参加众筹，而且风险更小。去银行申请贷款会将自己和金融风险绑在一起，但是众筹融资却只要项目完成后向支持者做出回报即可。众筹不能以资金作为项目上的回报，只能以实物、服务或者媒体内容作为回报奖励。支持者对于众筹项目的支持是属于购买行为，而不是投资行为，所以发起人无须承担资金上的风险。

②通过众筹获得更大更多的知名度和支持者

众筹可以算是营销方式的一种。通过众筹，发起人可以提高自己或产品在公众的认知度，为自己建立良好的社交关系。与此同时，还可以通过让支持者成为项目的一部分，提高自己支持者的忠诚度，最为重要的是还可以吸引潜在支持者。通过众筹项目，个人创业者或者刚刚成立的新企业，可以省下不少营销时间和成本。

3.3 众筹让每个人都成为投资天使

众筹融资看似简单，其实困难重重，但是如果一开始就能把握并运用好众筹的四大特征，那么众筹融资的起跑算是成功了。众筹有四大特征，分别是多样性、低门槛、聚合力、创意性。只要把握好这四大特征，众筹项目肯定能有一个成功的起跑点。

3.3.1 多样性——满足不同融资人的需求

虽然众筹只是互联网金融的模式之一，众筹本身的模式也只有四种，但是可以参与的行业、产品、融资人确是不受限制的，可以是出版行业，可以是音乐行业，可以是科技行业，也可以是教育行业；可以是CD，可以是书籍，可以是科技产品，也可以是农业产品；融资人可以是企业家，可以是作者，可以是音乐人，也可以是个农民。不管是什么行业、什么产品、什么身份，只要你的项目有创意，就可以发起众筹。众筹项目的多样性除了能满足不同融资人的需求，也能满足不同支持者的需求喜好。每个人的需求喜好是不同的，有喜欢科技产品、也有喜欢农业产品的……这些不同的需求喜好，支持者都可以从各个众筹平台中找到。

以京东众筹平台为例，在京东众筹上众筹的产品可以说是五花八门。京东众筹包含的众筹项目有科技领域、健康领域、家电领域、设计领域、娱乐领域、出版领域、公益领域等。每个领域内涉及的众筹产品种类更是繁多，以科技领域内的众筹产品来说，就包括电饭煲、手表、车载智能 HUD 终端、家庭互动新玩具、宠物智能喂食机等。

①众筹促进多样化投资

众筹的多样性特征促进了众筹人的多样性，涉的范围从以往以文化界发展为主到现在的各行各业。多样化的投资让众筹得到了高速发展，自 2011 年众筹进入中国后，经过几年的发展，众筹已经得到前所未有的繁荣。未来，众筹还会继续繁荣发展下去，会涉及更多的行业，也会衍生出更多新的行业。

②从多样化众筹平台上寻找相关性

众筹的多样性吸引了越来越多的发起人加入，也让众筹人有了更多的选择。但有利也有弊，众筹的多样性往往也会让发起人或者投资者迷了眼，失去了方向。因此，发起人要学会在多样化的众筹平台上寻找相关性。每个平台的特点及优势项目不同，受众也不同，所以要想众筹成功，寻找相关性平台是最重要的。

3.3.2 低门槛——为草根准备的投融资盛宴

低门槛可以说是众筹吸引众多融资人和投资人最大的原因之一，每个人都可以到众筹平台去融资，每个人也都可以成为投资天使。众筹对于融资人，也就是众筹项目的发起人不限年龄性别、社会地位、教育程度、有无资产，只要有好的产品，好的创意即可。对于支持者更是没有任何的要求，哪怕你的卡里只有一元钱，你都能成为众筹的投资天使。可以说，众筹就是为草根准备的投融资盛宴。

一昵称为小陆的女性创业者在淘宝众筹的农业频道为自己手工制作的辣椒酱"天生椒傲"发起了众筹项目。

该项目的参与门槛非常低，只要 1 元，所有人都可成为这个项目的支持者。只要 1 元就可获得天生椒傲正式在市面推出的八折优惠，只要 21 元就可获得天生椒傲辣椒酱一瓶，其余的档位还有 42 元、84 元、799 元等，每一个档位都有相对应的辣椒酱回报瓶数。

小陆这个项目之所以能成功，而且还远远超出了自己的目标筹资金额，就是因为她把握住了众筹低门槛的特征。她发起这个项目主要是为了自己的农业产品做宣传，所以并没有把目标资金定得太高。为了让更多的人能参与进来，扩大宣传的效果，将支持档位设置为 1 元起。项目结束时，她获得了 248487 元的众筹资金，吸引了 45129 人参与了这个项目，小陆也为自己的产品吸引了 45129 个粉丝，相信产品推出市场后，这 45129 人中的大部分人都会回头再次购买。

①目标资金设得越低，众筹项目越容易成功

我们可以发现很多众筹项目的目标资金设定得都不是很高，很少有超过 10 万元的项目。这就是因为多数的众筹发起人都把握住了众筹的一个特点——低门槛。既然众筹项目对融资人放低了门槛，那么发起人也要对自己放低门槛，要求太高的目标资金很容易失败。不过，股权众筹除外。但是股权众筹也曾因为门槛设置得太高，而导致失败率超过 50%。最开始的股权众筹对发起人的要求是，筹资目标资金不能少于 100 万元，100 万元对于很多人来说风险太大，后来股权众筹的门槛从 100 万元降至 10 万元。别小看这门槛的改变，这不仅仅是数字的差别这么简单。100 万元的项目要比做 10 万元的项目付出 10 倍的努力，多承担10 倍的风险，用户支持的档位也多了 10 倍。所以，适当地降低众筹资金，符合众筹原本低门槛的特征，获得成功的概率会相对提高很多。

②档位设置低门槛，才能吸引更多支持者参与

每个人做众筹项目的目的都不同，有些人是为了募集资金，而有些人则把它当成一种宣传造势的手段，但不论大家是怀着什么目的去做众筹，都希望自己的项目能成功，能吸引更多的人参与进来。如果要做到这一点，众筹项目就不能设置得太高，特别是那些为了宣传才发起的众筹项目。吸引的人越多，宣传的效果就越多。所以，适当地把支持档位降低一点才能吸引更多的人，毕竟这世界上只有 20% 的人是富人。

3.3.3 聚合力——来自大众的投资力量

众筹与其他互联网金融模式不同的是，它有着一种聚合力，能把大众的力量聚合到自己身上。以往的融资模式是向银行贷款，或者向一些风险投资者寻找支持。在这种情况下，就像足球队需要找到赞助商来维持自己的生存，一旦这个赞助商不赞助了，也没有其他赞助商替代，那么这个球队就无法继续维持下去。

在以往，中小微企业或者个人创业者想要获得成功，就必须依靠自己的力量。而传统融资始终都是他人的力量，都说"靠山山倒，靠人人跑"，所以传统融资存在着很大的风险。但众筹融资不一样，它通过聚合力，把大众的力量集合到自己身上，把大众变成企业或者项目的一部分，变成自己的力量。中小微企业或者个人有了自己的力量后，除了不用承担融资方"突然离开"的风险，还不用处处受限制，可以有更多的发展空间。

专注于科技产品研发创新的创业公司"福创永华"就是通过京东众筹，把大众的力量集合到自己的身上，变成自己的力量才有了如今的成绩。

2016 年 1 月 1 日，"福创永华"的新产品"哥斯特智能苹果充电保护底座"在京东众筹平台正式上线。支持的档位为 1 元、58 元、68 元、110 元、580 元、22500 元、4300 元、20000 元，30 天需众筹 3000000 元。不过结果却证明，只要产品好，大众的力量是无限的，截至 2016 年 1 月 9 日，该项目已经获得 6049550元，此时离项目截止时间还有 20 天。

这款手机智能充电保护底座只面向细分人群——苹果手机用户，产品众筹价格为 58 元，最终的市场售价还未确定的，但可以肯定的是比市场高。

最初，福创的团队想自己建立网站卖产品，但是实行起来困难度太大，投资和收入不成比例。个人网站无法与京东这种大平台相比，很难吸引那么大的流量，而且本身的资金有限，投资建立一个网站再加上大量生产产品是很困难的。因此，福创团队想到了用众筹解决这个问题。而事实也证明，它成功了。福创科技通过京东众筹成功地把大众的力量变成自己的力量。无须先建立网站，也无须去找风险投资或者银行，来解决自己产品量产的问题。

①群众的力量才是最大的力量

众筹会兴起而且发展得如此迅速，就是因为它能够获取群众的力量。也许一般的投资人没有银行或者风险投资一样能一下子提供大笔的资金，但是能积少成多。可以说，网民有多少，它的力量就能有多大。风险投资毕竟都是少数，而想要获得他们的帮助也非常困难，成功的概率很低。但是群众不一样，群众的力量是无限的。

②只有群众感兴趣，他们才愿意给你力量

不是说任何项目都能在众筹平台上获得成功，获得大众的力量。任何事情都没有百分之百，各大众筹平台上失败的项目比比皆是。想要获得群众的认可和支持，首先就要让他们感兴趣，只有他们感兴趣了才会愿意关注；其次要让他们有价值感，让他认为参加这个项目是有价值的，不管是物质上还是精神上的。

3.3.4 创意性——有创意就有资金

2011 年，众筹的概念相继引入到各个领域中，有一个好的科技产品，就可以去众筹，有本好的书，也可以去众筹，甚至是一个好吃的农产品，都可以通过众筹方式获得资金。这种看似简单的商业模式，让很多缺乏资金支持的中小微企业和个人创业者看到了春天。在众筹这个领域，只要你的项目有创意，有新意，就能够吸引支持者的支持。通过众筹，每个人都可以把自己的创意想法，变成现实。

极线极速多功能数据线就是一个依靠创意而获得成功的产品众筹项目。在现代，手机已经成为我们无法离开的工具，但是智能手机耗电快，充电慢却一直是手机用户的痛点。极线极速多功能数据线就是找到了人们使用手机的痛点，为用户解决充电慢的问题，只需要一根小小的数据线，就可有效解决人们在日常生活中手机经常电量不足的痛点。

极线极速多功能数据线的创意受到了很多人的欢迎，项目的目标计划是 45 天，众筹目标资金是 10000 元，截至 2016 年 1 月 9 日，该项目已经获得了

107224 元的众筹机子，获得了 2197 名用户的支持，可以说，极线极速多功能数据线的众筹项目大获成功。

它之所以能这么受用户的欢迎，关键点有两个——创意和实用。极线极速的体积非常小，全长也就 10 多厘米，比起平常的充电宝和充电器，外观时尚可爱很多，且非常方便携带。除了创意之外，实用性才是这款产品受大众欢迎的最大原因。极线数据线可以提升原手机 30% 的充电速度，电池满格后自动断电保护手机，最大的亮点就是可以存电视剧，还没听说过充电器可还可存储电视剧的；除了有充电器的功能之外，它还可以替代充电宝，带有 3000mAh 应急充电装置。这么实用的充电线，肯定能受到手机用户们的欢迎。如图 3 - 1 所示。

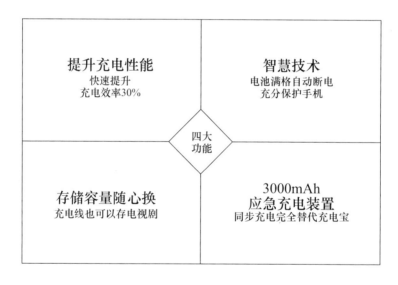

图 3 - 1　极线极速数据线的功能

①创意就是能给用户带来新鲜感

那么什么样的众筹项目才是有创意、能吸引人的呢？其实，创意就是能给支持者带来新鲜感的，能让支持者享受到以往不曾有的体验。像一些众筹平台上的创新型科技产品就是如此。

②产品要有创意也要有实用性

很多人支持这个众筹项目是对这个产品感兴趣，除了新鲜感之外，最重要的还是对自己有价值，能对自己起到一定的帮助。因此，创业者在设计产品时，不能一味地追求创意和新颖，还要兼顾实用性。看好但是没有内涵的东西都是虚的。所以，有创意的众筹项目也需以实用性为前提。

3.4 众筹的类型

众筹主要的模式有四种，分别为股权众筹、债权众筹、捐赠众筹、回报众筹。每一种模式运营的方式、针对的项目、针对的目标人群都不一样，因此，中小微企业或者个人创业者要把握好这四种众筹模式具有的特点，从中选择符合自己需要的、最适合自己的众筹模式。

3.4.1 股权众筹——我给你钱，你给我公司股份

股权众筹是众筹的一个风口，也是互联网金融的一个风口。实际上，在如今的"大众创业、万众创新"的大潮中，股权众筹已成为构建多层次资本市场的重要补充，金融创新的重要的渠道之一，中小微企业扩大发展的最常用的融资手段之一。

股权众筹是指企业向支持者让出一定的股份，支持者投入相应的资金入股企业，成为企业的股东之一，获得未来收益。股权众筹还有另外一种解释就是"私募股权互联网化"。

2015年7月，相信大家的朋友圈都被两部电影刷屏：一部是最新的国产片票房冠军《捉妖记》；另一部则是被大批"自来水"、"纯净水"拥护的动画3D电影《西游记之大圣归来》。《大圣归来》在取得高口碑和高票房的同时，也成为中国电影股权众筹的第一个成功案例。

虽然业内不少影视制作项目都会开放一些准众筹项目，例如在"百发有戏"上线的有百度大数据支持的《黄金时代》，对接阿里"娱乐宝"的《小时代》，但是对于投资者来说，他们也许只是买了一个理财产品，两年期项目的收益率在10%左右，门槛一份百元起或千元起。这些投资者并没有真正成为《黄金时代》或《小时代》的出品人。而《大圣归来》片尾字幕里滚动的100余位投资者名字，其中众筹892位，合伙投入780万元。到兑付时，预计可得到本息约3000万元，获得了四倍的投资回报。还未包括《大圣归来》未来的所有权益，包括游戏授权、新媒体视频授权、海外收入分账等。可以说，这是一部真正的股权众筹电影。

①股权众筹的运作流程

第一步，项目发起人向众筹平台提交项目策划书，包括筹资的金额，可让渡的股权比例，项目的发起和截止日期；第二步，平台对项目策划书进行审核，审核的内容包括是否具有真实性、完整性、可执行性以及投资价值；第三步，审核

通过后，就可在互联网上发起相应的项目信息；第四步，对该项目有兴趣的支持者，可以在目标期限内承诺并实际交付一定数量的资金；第五步，在期限内完成目标资金，支持者与发起人签订相关协议，如没有则退回所有资金。国内目前的众筹都是按照如图3-2所示的运行模式来执行的。

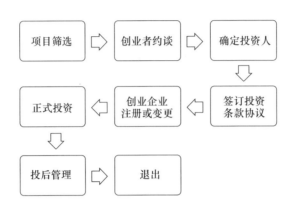

图3-2 股权众筹运行模式

②领投+跟投模式

领投+跟投模式是指在股权众筹中支持者可以跟着某个知名的投资人一起投资，普通大众作为跟投人，组合成联合投资体，共同向领投人挖掘出来的投资项目进行投资。领投人负责找项目，获得投资后进行管理，收取投资人的投资收益提成作为回报。

第一，领投+跟投的优势。很明显，对于跟投人来说，在投资项目中投入一小笔资金，就可成为联合投资体，同时利用领投人在挑选项目和投资管理上的丰富经验减少自己的风险，这比自己单独投资要好上许多。而领投人可以通过模式撬动更多的资金，减少自己的投资风险的同时还能获得额外分红。通常，领投人在一个项目中，可撬动的资金是自己投入资金的5～10倍，这可以让领投人用现有的资金投资更多的项目，减少"把鸡蛋放在同一个篮子"的风险。除此之外，通过这种模式，领投人可借机融入跟投人的社会圈子，为自己获得更多的社会资源和附加价值。

第二，领投和跟投的信息披露情况。领投人可以自行决定投资企业的信息披露范围，无须经过投资企业的同意。不过在披露信息时要注意其披露的程度是否足以吸引更多的跟投人参与投资。跟投人一般无法掌握投资企业的全部详细信息，跟投人通常可以向平台或领投人了解到以下几种信息：一是持股平台的设立文件。二是经企业同意可了解的投资协议通用条款以及持股平台与企业签定的交易文件范本。三是企业向跟投人透露相关信息的详细程度。四是跟投人涉及的税费情况。

③股权众筹与天使投资以及风险投资的区别

传统的融资渠道天使投资、风险投资看起来和股权众筹没有什么区别，都是创业融资的主要的来源。但是三者之间的区别也是非常明显的。其主要表现为以下几点。如图3-3所示。

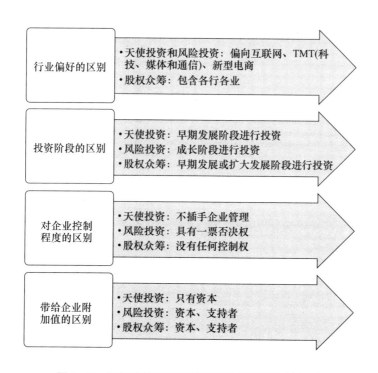

图 3 - 3 股权众筹与天使投资以及风险投资的区别

第一，行业偏好的区别。天使投资和风险投资偏向互联网、TMT、新能源、新型电商等行业；众筹包含的行业则更为广泛，除了新兴的科技行业，互联网行业，还包括许多传统行业、甚至农业都是众筹关注的主要行业之一。

第二，投资阶段的区别。天使投资一般是在企业或是项目的早期发展阶段进行投资；风险投资则是在企业成长阶段进行投资。这是因为如果创业企业在发展的过程中引进了其他投资，因为股权结构与公司治理结构的不一致，一般很难再通过众筹进行融资。

第三，对企业控制程度的区别。天使投资一般不插手投资企业的管理；风险投资一般都拥有在董事会中对重大事项的一票否决权，对企业的控制程度较大；

众筹则是对投资企业没有任何控制权，参与众筹的投资人并不实际参与被投企业的实际管理，众筹可以让企业创始人对企业享有更大的自主权。

第四，带给企业附加值的区别：天使投资带给企业的价值，只有资本；风险投资带给企业的附加值最大，除了资本，还会给企业提供战略、营销、团队等一系列被投资者所缺少的增值服务；众筹的价值则是在众筹融资的同时，获得了一大笔支持者，他们是企业产品的消费者，企业还可享有他们更多的社会人脉资源。

3.4.2 债权众筹——我给你钱，你还我本金和利息

债权众筹是一种以归还本金和支付利息作为回报方式的众筹，直白地说就是"我给你钱，你还我本金和利息"，与P2P网贷差不多。债券众筹是伴随着互联网的发展和民间借贷的兴起而产生的一种金融脱媒现象。

债券众筹主要是指企业或者个人通过某个众筹平台向投资人借贷，随着互联网技术的发展和普及，人们借贷的方式越来越多，范围越来越广，从线下有限范围内面对面借贷，扩展至线上的虚拟借贷，因此，可以说哪有互联网哪就能借贷。

如山西伟琪财富珠宝有限公司就在普惠众筹网发起了债权众筹项目。该众筹项目众筹资金600万元，预期年收益率11%，融资期限为6个月，起投金额为1000元，增信措施由山西德邻融资担保有限公司提供本息担保，还款的方式是按日计息、按月付息、到期还本。以投资者认购1000元该公司债权为例，投资者每个月可以获得的利息收益如表3－1所示。

表3－1 投资者每个月可获得的收益

还款日期	应收利息（元）	应收本金（元）	本金余额（元）	计息时间（天）
2016－03－25	8.74	0	1000.00	29
2016－04－25	9.34	0	1000.00	31
2016－05－25	9.04	0	1000.00	30
2016－06－25	9.34	0	1000.00	31
2016－07－25	9.04	0	1000.00	30
2016－08－25	9.34	1000.00	0	31

①债权众筹项目的行业分布

借贷双方在借贷时，需要签署一份协议，还款的金额和时间，约定的还款计划和利息都在借贷协议中。根据一些专业平台的研究报告来看，债权众筹项目中商业和企业占据绝大部分，能源和环境类行业排在第二，社会事件排在第三，艺术和音乐行业所占的份额则比较少。如图3－4所示。

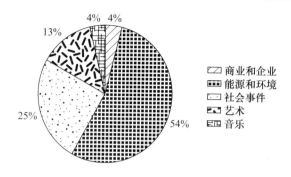

图3－4　债权众筹项目的行业分布情况

②债权式贷款运作流程

债权众筹有三个构成因素，分别为投资人、平台、筹资者。每个构成因素都要严格按照要求来完成自己的责任。债权众筹的严谨度比其他的众筹模式要大许多。债权众筹的运作流程如下：

第一步，投资人到相关平台注册成为用户，平台的主要功能是集合优质小贷公司的融资需求，并主动寻找开发优秀融资需求的项目，融资人在平台上发布筹资需求。

第二步，投资人选择项目后进行投资，平台会对项目的信用程度进行审核并发布需求，融资人向平台提交信用审核资料，然后将双方资料进行对接。

第三步，平台和融资人签订电子合同，项目成功后，寻求小贷公司作为担保后向投资人进行放贷，持续关注项目的进展，融资人在受到资金后，可以考虑是否要进行第二次筹资。

第四步，投资者到期收回投资资金后，需向平台支付相关费用，平台在项目成功后，可向投资人或者是融资人收取费用。如果融资人违约，追偿债务的责任需要平台承担，如图3－5所示。

③债权众筹的还款方式

债权众筹的还款方式有很多种，每一种都有每一种的特色，那么在这些还款方式中，哪一种还款的方式最能挣钱呢？其模式有九种。

模式一：一次付息，到期还本。在融资人借款当天，平台要求当天就付完全部利息，到期后融资人归还本金即可。这种模式较为适合短期贷款，借款平台可以循环利用部分资金，但借款人成本比较高。

模式二：按月付息，到期还本。融资人每月向投资人支付利息，到期后一次性归还贷款本金。这种模式比较适合日常现金流不足的短期贷款。优点是融资人平常不用承担借款压力，可以将筹到的资金全部用在项目上，缺点是对于平台和投资人来说风险比较大。

图3-5　债权式众筹项目流程图

模式三：按月付息、按季还本。融资人每月向投资人支付利息，三个月归还一次本金。这种模式比较适合现金流呈间断性的企业。例如工程行业和养殖行业。种植业要将一季作物卖出去才有现金流，工程也要到结算期才能收到货款。按季还本的方式刚好与这些行业的现金流特点相符。优点是还本时间间隔长，融资人还款的时间较为充裕；缺点则是比起按月还本的模式，该模式风险较大，同时因为还款时间固定，可能会出现与预计现金流有出入的情况。

模式四：等额本金。先设定还款月数，每月融资人归还固定本金并支付剩余本金的利息，本金剩得越少利息也就越少。总还款金额也会随着利息的减少而减少。该模式比较适合有持续现金流的行业和融资人，其现金流最好呈现前期到后期递减的情况，如营运类汽车行业，因为所购新车开始投入运营时，维修保养费用少，收入较大，但是车辆使用的频率越高，费用也就越高，收入就随之递减。该模式的优点是贷款按月归还，贷款余额逐步减少，风险逐步降低。同时，对于融资人来说，按月还款压力较小，且较为容易归还，能避免一次性还款的压力，还可提前还款。缺点是对于融资来说，随着本金的逐步归还，可利用的资金也逐步减少。除此之外，如果融资人是优质用户，贷款利息减少后，贷款机构的利润也会随之降低。

模式五：等额本息。先确定每月还款额和每月需支付的利息，然后用还款额减去当月应支付的利息，就是本金的还款额，下一个月的利息则按剩余本金来计算。这种模式适合有持续的现金流，且现金流是基本平均的，这对于流动资源和库存可以起到补充作用。优点是按月还款压力小，风险小；缺点是可利用资金量会随着还款而减少，贷款平台的利润也随之减少。

模式六：等本等息。把本金和利息相加，除以还款月数，确定融资人每月应还的固定金额。要求融资人有持续现金流且基本平均，作用是作为补充现金流和增加库存。优点与等额本金和等本等息相同，只是无法提前还款，如要提前还款，需要加收利息。

模式七：前期按月付息，后期等额本金。其还款方式是前几个月支付利息，后几个月支付本金，该模式比较适合投资类贷款，或者商品流通、服务、加工制造等行业，这类行业在投资期内没有现金流，还款难度较高，投资完成后就会有资金流入，没有还款压力，也适合淡旺季现象的企业。优点是能减少融资人还款压力，接受程度较高。缺点是因为前期不用归还本金，增加了后期还款的难度，也增加了风险。

模式八：核定最高额度，随借随还。在某个时间段内，融资机构会对融资人设定一个最高的信用额度，融资人在这个期限内可以随时得到最高限额以内的贷款，贷款后可随时归还。该模式比较适合在某个时间点资金流不充裕的融资人。优点是可以按照自己的需要随借随还，缺点是对平台和投资人而言，在此期间不做贷款风险评估，无法确定融资人的信用度，增加了贷款风险。

模式九：一次贷款，不定期还款。融资机构将贷款资金一次性发放给融资人，融资人在期限内归还贷款和利息，可一次性，也可多次分还。时间、频率、金额都可由融资人自己确定。该模式适合将来一段时间内现金流不固定的筹资人。可以根据自身情况来安排还款，缺点是融资人可能会拖延贷款，对融资机构来说增加了风险。

3.4.3　捐赠众筹——我给你钱，你什么都不用给我

捐赠众筹是四大众筹模式中的一种，与债权众筹和股权众筹不同，捐赠众筹是公益性的，是不计回报的，直白地说就是"我给你钱，你什么都不用给我"。因为公益的性质，现在各大众筹平台都设有捐赠众筹。在捐赠众筹中，支持者对于某个项目的投资，更多的是表现在重在参与或是精神层面的收获，而不是在于该众筹项目能给自己多少物质上的回报。早期的捐赠项目一般是书籍、电影、演唱会等文化创意方面，现在则慢慢转化为公益事业的另一个发展渠道，例如向偏

远小学捐赠书籍、偏远山区捐赠物资等。

捐赠众筹在我国的发展规模还不是很大，多为众筹平台的附属部分，专门的捐赠众筹平台不多，有也是知名度和活跃度都不高。另外，平台运用者有限的资源及运营能力也是阻碍捐赠众筹发展的一大原因。

2015年12月29日，"让爱1+1，圆666个山区小学生的新年悦读梦"在众筹网正式上线，该项目中餐馆的目标资金为12990元，截至2016年2月25日，该项目已经取得20351元的众筹资金，超过预期资金157%。

2015年8月12日，天津塘沽大爆炸牵引了全国人民的心。此次灾难，除了许多普通百姓惨遭灾难，还有我们的人民英雄消防员也牺牲了不少。"世界上最帅的逆行"在网络疯传，同期，中华社会救助基金会在京东众筹网上发起众筹项目，希望能帮助这些牺牲的消防英雄的家庭。该项目的众筹资金为10万元，截至2015年8月19日，短短一个星期就众筹到了115782元的善款，得到了2410名支持者的支持。

①公益事业如何通过众筹进行运作

与其他三种众筹模式不同，支持者之所以项目为投资捐赠，是因为对项目理念、对个人价值观的认同，或者是对社会、对弱势群体所贡献出的一份爱心。所以说，捐赠众筹其实就是一种无偿性的捐赠。那么公益众筹在中国众筹领域发展不理想的环境下，公益事业又该如何通过众筹进行运作呢？

公益众筹需要商业思维，公益众筹其实与商业众筹有着非常紧密的联系，如果将商业思维加入到公益众筹之中，无疑能起到巨大的正面作用。发起人可以利用商业思维来设计产品。一般在众筹网站上活跃的大多数是年轻人士，传统热衷于公益的人士所占比例并不多。年轻人比较喜欢新鲜事物，注重创意。因此，在设计公益产品的宣传点时，不能一直用眼泪、同情、可怜的招数，支持者看多了很容易产生麻木感。

②做公益，平台要选好

捐赠众筹平台，有专业与综合的区分。目前，国内95%的公益项目都是来自于综合性的众筹平台，例如淘宝众筹中的公益频道，京东众筹平台里的公益项目。不过，无论是专业的捐赠平台还是综合性的捐赠众筹平台，都有其自身的运作模式、平台手续费、项目发起条件。因此，公益人士在选择众筹平台上发起项目时要慎重选择，看看哪个平台最适合自己。

③企业如何做好公益项目

现在，有很多企业会选择众筹的方式来做公益，例如腾讯推出的"为盲胞读书"，新希望乳业通过企业官方微博以及企业员工个人微博发起的"你点1个赞，我捐1元钱，为300名孤儿筹专属体检"的活动，等等。这些项目都可以证明众筹被越来越多的公益人士所热衷。但是要做好众筹没有那么简单，要考虑到很多问题。如图3-6所示。

公益项目要与企业自身核心能力相关

- 选自己擅长的地方
- 选其他企业没有的优势
- 将优势和众筹内容融合到一起

项目发布前要做好内部的沟通和倡导工作

- 在内部多次沟通和倡导
- 重点放在项目所能解决的社会问题上

图3-6　企业做好公益项目的技巧

第一，公益项目要与企业自身核心能力相关。一般企业核心能力都是企业最擅长的地方，同时有着其他企业所没有的优势。因此，如果能够将其与公益项目完美地融合在一起，这样既能让自己的公益项目更具吸引力，更快获得成功，也能为企业品牌做宣传，同时，公众在参与企业发起的公益众筹项目时也比较容易与企业建立起信任。

第二，项目发布前要做好内部的沟通和倡导工作。项目在对外发起时，要先在企业内部进行沟通和倡导，且要重复多次。能获得成功并发挥出最大效应的公益项目最耗费的不是资金的投入，而是人力的投入。因此，如果企业内部没有做好沟通配合的工作，对项目后期的推行工作会造成不小的负面影响。还有一点需要注意，企业在为公益众筹项目进行社会宣传时，要把重点放在项目所能解决的社会问题上，让公众了解到品牌所包含的公益价值，而不是一味地做"品牌支持了谁，又帮助了多少人，捐出了多少钱"这种生硬宣传。

④公益众筹项目也需要包装

公益众筹项目与其他众筹项目一样，如果想要获得成功，就要做好包装工作。但是捐赠式项目的包装方式与其他众筹模式的包装方式不同，它的包装是需要发起人对项目进行更为真实的记录，以及真实地反映出该项目发起的原因。那么要如何真实记录和真实反映呢？

第一，要在细节处体现真实。高质量的图片或是视频，真挚的文字，是最能体现细节的，发起人要在这些细节地方把真实感体现出来。用真实的文字，图片、视频让支持者感动并自愿投资。真实的图片和视频是最能引发支持者的爱心的，是最能引发他们的捐赠欲望。

第二，设置诚恳的回报。虽然说支持者支持公益众筹项目是不求回报的，但是如果能加入一些诚恳的、有趣的回报，更能激发出支持者的兴趣。公益项目的回报要体现的是受捐助人的诚恳协议，而不是物质回报。可以是一些纪念品和感谢卡，也可以是受捐助者自己制作或生产的一些小工艺品。给予一些诚恳的回报，能让支持者觉得自己的爱心捐赠是值得的。

3.4.4　回报众筹——我给你钱，你给我产品或服务

回报众筹又被称为奖励众筹或预购众筹，是指支持者在投资某个众筹项目之后，可获得发起人给予的非金融奖励作为回报，回报的物品可以是实物也可以是服务。回报众筹是被使用最为广泛、用户接受程度最高的一种众筹模式。2011年，众筹进入中国后，各大众筹网站最先使用的就是这种奖励模式。

回报众筹除了被称为奖励众筹和预购众筹之外，还有人称之为产品众筹，因为一些新型科技产品、电影、音乐、农产品行业都是采用这种模式进行众筹，投资的支持者都能得到某种实质性的产品。

由全友家居团队在京东众筹发起的全友家居 BAR 光子绵床垫众筹项目，2016 年 1 月 29 日发起，截止时间是 2016 年 3 月 15 日，截至 2016 年 2 月 20 日，该项目就已获得了 1698833 元，超过目标资金 849%。这个众筹项目就属于典型的回报众筹。

支持者最低支持 1 元，可获得免费抽奖的一次机会；支持 2199 元，就可获得超值众筹价 1.5m×2.0m 尺寸的睡 BAR 床垫一张；以及赠送价值 298 元的凝胶健康枕一个；支持 2345 元，就可获得 1.8m×2.0m 尺寸的睡 BAR 床垫一张，以及赠送价值 596 元的凝胶健康枕一对。以此类推下去，每个支持档位都有相应的回报内容，这就是回报众筹的模式。

①回报众筹成为企业产品营销新方式

在四种众筹模式中，回报众筹的受众最广，最受人欢迎。无论是大企业还是中小微企业，甚至是个人创业者都喜欢通过回报众筹的方式筹资，既可以为自己的产品筹集资金，还可以为自己积累人气，进一步打开品牌知名度。

回报众筹作为一种营销新渠道，也要讲究技巧。如图 3-7 所示。

首先，在众筹网上多与支持者互动。如果想要自己的项目获得资金又赢得人气，那么发起人就要多与支持者互动，提高他们的参与热情。可以在项目评论区回复支持者的评论，或是时时报告项目的进展，让支持者充分了解项目的进展，对项目产生进一步的信任感。如果项目进展得很快，就越能得到更多支持者的支持，例如上线一天，甚至是几小时就众筹成功。那么就要把这样激动人心的消息传播出去，支持者看到肯定也会与有荣焉，证明自己的选择没错。同时，还能吸引更多的潜在支持者，为自己赢得更多的资金和人气。

多与支持者互动

- 回复评论
- 实时报告项目进展
- 多传播激动人心的消息

利用社交媒体，加大效果

- 借力微博、微信、论坛的力量扩大宣传范围
- 导流微博、微信、论坛的粉丝

图3－7　众筹项目宣传的技巧

其次，利用社交媒体的力量，加大效果。现在社交媒体的力量非常强大，发起人也要懂得借力打力。可以利用社交媒体强大的传播功能，为自己的众筹项目宣传造势。可以通过微博、微信公众平台、各大论坛、各大社交软件对项目多加宣传。把微博、微信、论坛吸引到的粉丝导流到众筹项目中去。这样一方面可以获得粉丝的支持，提高项目的成功概率；另一方面也可以借用粉丝的力量来为自己的项目进行口碑宣传，加大众筹项目的影响范围。

②莫让奖励众筹变"众愁"

2015年，众筹行业迅速发展，各行各业都加入到众筹行业中，众筹平台急剧攀升，众筹项目也是花样百出。但是无论众筹怎样发展，它作为一种新兴的金融形式，都多多少少存在一些弊端，如果没得到有效解决，那么众筹很可能就会变成"众愁"。

第一，夸大宣传，体验尴尬。体验尴尬，绝对是众筹的致命点，特别是对于回报众筹而言。例如京东众筹曾发起的1元参与众筹航班的项目，就有用户表示："感谢京东获得1元坐飞机回家的机会，现在不用站十几个小时的火车回去了。"这是回报型众筹给人带来的惊喜，但是参与"三个爸爸"空气净化器项目的张女士却遭遇到了体验尴尬，她拿到回报后非常后悔自己参加了这个项目，因为空气净化器的体验非常糟糕。当初项目方承诺赠送价值480元的两个精滤HR-PA也没有收到，甚至连净化器上的二维码也无法识别。

第二，骗局伴随，安全缺失。很多不法分子将众筹当作一种骗钱的新手段，在回报众筹和债权众筹中尤为明显。类似于"豆芽蓝牙智能体温计0.1元中餐馆计划"的链接都是骗局。因此，投资人在投资众筹项目时，一定要多加小心。

3.5 走好流程，众筹不用愁

很多人都以为众筹很困难，其实不然，只要走好众筹的流程，众筹也可以变得很简单。流程的第一步就是选择合适的项目和平台；第二步就是做好众筹项目的计划书，它是打开众筹成功大门的钥匙；第三步则是把握众筹的参与感、荣誉感、归属感这三大要素。

3.5.1 选择合适的项目和平台

做众筹，项目和众筹非常重要。合适的项目众筹才有成功的可能，有合适的平台是众筹成功的先决条件。那么什么样的项目和平台适合众筹呢？

2015年12月30日，喜视科技在京东众筹平台上发起"喜视QQ精英培育机器人"众筹项目，截至2016年2月26日，已筹得465146元的资金，超过了目标资金的4倍。其众筹项目能获得超出预期的成功，最大的原因除了喜视科技有一个好的产品之外，还因为选择了一个好的平台。

喜视科技的这款众筹产品从孩子的学习入手，把握住了家长想让孩子学好的心理。而且创新的产品功能，新颖的外观设计，完美的体验感都牢牢吸引住支持者的眼光。除了好产品之外，喜视科技也选择了一个好的平台——京东众筹。京东本身就是以电子科技产品作为核心业务，因此，京东的用户多数是比较喜爱电子科技产品的，只要产品够好，他们就会购买。喜视科技选择了一个用户群高度贴合的平台。这就是喜视科技的众筹项目能获得成功的原因。

①选择合适的项目

众筹很火热，但是怎样选择合适的项目呢？其实，如果一个项目同时具备创新性、感知性、解决刚需以及粉丝营销价值这四点，该项目就非常适合进行项目众筹。

第一，创新独特的项目。在项目越来越同质化的今天，越是创新且独具特色的项目就越能吸引用户的眼球，所以，进行众筹的项目也必须具备独特的创新元素。如果项目能让人感到新奇或是独具某种文化特性，再加上适当地运作就肯定能吸引众多支持者的关注。而对于那些创意极客和发烧友来说，新奇独特的项目更能吸引他们的好奇心以及激发他们的参与热情。吸引到了创意极客和发烧友的关注，就自然能为众筹项目带来可观的流量和曝光度，这样就能吸引更多潜在投资者的积极性，从而增大众筹项目的成功率。

第二，感知性的项目。项目类的众筹从本质上来讲就是要吸引足够多的用户来支持我们的项目，如果项目太过复杂，用户看不懂也操作不了，这样就很难让用户与我们的项目产生共鸣。没有共鸣，用户自然不会成为支持者。所以，我们的项目必须具备较强的感知性，也就是说，项目的设计不能太过复杂，最好能与人的生活息息相关。项目的包装更要简单明了，要让用户第一眼就能看明白这是什么东西、如何使用。因此，在进行项目设计和包装时，不仅要利用视频、图片等融入更多能让用户理解的元素，同时还要明确项目到底能为用户带来哪些实实在在的价值。这样才能引起用户的共鸣，从而引发出他们的好奇心，最终让自己的项目获得更多曝光的机会，也自然就能吸引更多的支持者。

第三，解决刚需的项目。从当前众筹项目的市场状态来看，为了吸引更多支持者的目光，出现了很多创意类的项目。但由于发展得过于迅猛，直接导致了项目同质化严重的现象，从而弱化了项目的独特性，而且很多项目都有一个共同的缺点，就是有创意但不实用。这种项目在短期内可以吸引到一些用户，但长期来看，并不完全适合众筹。因此，在选择项目时定位一定要准确一些，要选择那些能解决用户刚性需求的项目。也就是说，产品不要过于专业，要接地气，能满足绝大部分用户的切实需求。

第四，具有粉丝营销价值的项目。众所周知，项目众筹除了具有品牌宣传、项目调研、项目试验三大价值之外，培育粉丝也是项目众筹的重要价值因素之一。具有粉丝营销价值的项目更容易传播，也更能为项目提供良好的口碑效应。

②选择最合适的众筹平台

在发起众筹项目之前，先要明确创建项目的初衷，这是选择合适的众筹平台的第一步。每个发起人的身份不同，所要众筹的项目也不同，因此需要的目标用户群也不同。如果选择了一个不合适自己的众筹平台，平台上的用户不是自己的目标用户，那么即使你的项目再好，也很难获得成功。比如你是音乐人或是作者，那就选择以文化类、音乐类、创意型项目为主的网站；如果你是科技人员，能开发各种高科技的产品，那么就可选择适合各类用户的科技网站。同时，也要了解各个平台的规则，避免一些失误。

在选择众筹平台时，要考虑以下几个问题：第一，收费和运营模式。该网站抽取的佣金是多少？项目被抽取佣金后，还剩多少利润点？该平台的运营模式与自己的项目相不相符。第二，激励机制。该平台的激励机制是怎么设定和执行的？平台是否能提供一些增值服务来帮助推广自己的项目？第三，知名度。平台的信用度如何，成功的概率是多少？第四，用户体验。平台是如何帮助发起人解决项目技术性的问题的？第五，安全性。平台是否进行了 SSL 加密，是否会保护众筹企业的信息？平台是否已获得授权证书？有没有保护机制？保护机制是如何运行的？如图 3 - 8 所示。

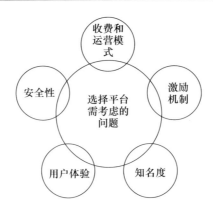

图 3-8　选择平台需考虑的问题

3.5.2　计划书，打开众筹大门的钥匙

做众筹项目和做其他项目一样，也需要一份商业计划书。商业计划书是企业经营的"兵棋推演"，是用来初步分析众筹项目实现的可行性，也是用来评估发起人管理水平和该项目的发展潜力的。不管是众筹平台还是支持者对商业计划书是非常看重的。

如图 3-9 所示，该项目在当时是京东众筹处于流程中的项目里众筹金额最大的一个项目。该项目于 2016 年 1 月 18 日发起，截至 2016 年 2 月 26 日，该项目已获得了 5127370 元的资金，超过目标金额的 5 倍。

这个"音乐笔记　钢琴智能陪练系统"的众筹项目之所以能获得这么大的成功，主要原因之一就是该团队把项目计划书做得非常出色。

我们来看看它的项目内容都是如何做的，打开该项目的主页，首先，进入我们眼帘的就是一段长达 5 分多钟的视频介绍，以真人演绎的方式向支持者展示了该产品的功能。其次，以图片加文字的方式让支持者了解得更加清楚。

该项目团队用简单的图片将产品的主要功能给显示了出来，包括师生演奏数据采集、资源、数据、云服务、云存储，演奏细节对比分析。一张简单的图片就能让支持者对该产品的功能一目了然。

①写好简介

商业计划书的简介，可以说就是众筹项目的门脸。简介做得好，平台和投资人对项目的第一印象就会很好。就像我们对人的第一印象一样，第一印象好了，接下来的相处就会变得很容易，众筹商业计划书的简介也是如此。

众筹商业计划书的简介，要把握两点。一是项目简介要简洁，突出核心观点。简介一定要简洁，最好几句话就能解释清楚。不过简洁归简洁，但也要表达

图 3－9　图片和文字展示

注：图片来源于京东众筹。

出自己的核心观点。让支持者从这几句简介中，就能了解到项目的核心部分、竞争优势。二是要写明发展前景，市场的分析也要准确。在项目简介中，要把该项目的发展前景描述出来，可以叙述该项目的市场需求，以及该项目的未来发展道路。最好能附上一份准确、易懂的市场分析材料。这样不但能增强该计划书的说服力，还能提高投资人的投资信心。

②内容为王

不管是众筹产品，还是计划书，内容永远是决定胜败的关键性因素之一。一份好的众筹商业计划书，自然离不开好的内容。在写计划书时，要写明自己的项目优势，增强说服力。写明自己的项目优势可以往两个方向发展，一是写明自己的资源优势。众筹发起人要把自己的资源优势明确写出来，如果项目是科技类的产品，项目的创办地在深圳就是一种优势，因为深圳被誉为"中国硅谷"，可以称为中国科技最为发达的城市。因此，如果把项目的创办地深圳写明，会大大地提高支持者的信心。如果是农产品，比如，新疆大枣是最有名的，那么就要把新疆这个资源优势给写明。如果农产品产自农村，无公害无污染，那么就要把这个资源优势给写出来。二是写明自己的项目优势。把项目的运营模式准确地写出来，定位是什么、可行性是多少、预估的市场有多大、能产生多少社会效益，都要一一写明。也可以写明项目的先天优势是什么，例如该众筹公司本身在行业内就有一定的口碑和品牌效应，也有专属于自己的宣传渠道。这些优势都可以在计划书上一一写明。

3.5.3 项目吸引人，三大要素不能少

如何才能做好一个众筹项目？那么前提条件就是项目能吸引人，而要让项目吸引人，三个要素一定不能少。这三个要素分别是参与感、归属感、荣誉感。如图 3 - 10 所示。

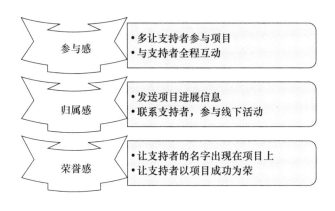

图 3 - 10 众筹项目吸引人的三大要素

①参与感

什么是众筹项目的参与感？其实很好理解，和小米公司强调的参与感一样，就是要让投资人参与进来，并成为项目的一部分，而不只是简单的投资人。让支持者获得参与感，可以从两个方面入手：一方面让支持者多为项目出力。支持者就是该众筹项目的老板之一，一个老板单是出钱不干活，他就不会觉得这个东西是自己的，最多只关心一下最后的结果。老板为项目做得事情越多，就越在意项目的成败，对这个项目也就越认同。所以可以让支持者加入到产品的宣传、项目的设计中来，让其成为当中的一部分；另一方面就是与支持者全程互动。在项目的进行过程中，与支持者的互动是非常重要的。如果是股权众筹项目，可以通过领投人向跟投人发布一些项目信息。无法在平台上进行互动的，就可以通过短信、微信等方式与支持者进行互动。如果是产品众筹项目，则可以在众筹平台上发布一些项目的发展情况。

②归属感

什么是归属感？这个词又怎么用在众筹项目上？众筹项目又该如何让支持者产生归属感呢？其实，归属感也是通过参与感而来的，让支持者参与到项目的各个环节中，才能让他们在参与的过程中产生归属感。那么要如何做呢？这就要让

让支持者对项目产生感情。发起人可以通过向支持者发送项目进展的信息，如果是股权众筹，则可以在众筹成功后，将各股东联系起来，参加一些线下活动。这样，时间一久，支持者对所投项目看重的就不只有利益，还有比利益更重要的情感。这样投资人也更愿意帮助项目得到更好的发展，例如主动宣传等。

③荣誉感

什么是荣誉感？其实就是让支持者以自己投资的项目为傲，让他们觉得自己是这个项目的投资人是一件非常值得骄傲的事情，这个项目能证明他们有着精准独到的投资眼光。这可以从两个方面入手：一是让支持者的名字出现在项目上，大众都可以看到支持者的名字。这一点就经常出现在出版众筹中，很多图书项目的发起人都会把支持者的名字打印到书中，让支持者成为图书的出版人之一，让读者明白这本书之所以能发行，就是因为有了这些人的支持。二是让支持者以项目成功为荣。项目的成功与支持者的支持离不开，一个项目成功了，支持者肯定也会感到高兴。发起人要把项目的成功与支持者紧紧联系在一起。比如说，一个项目到了后期，进展越来越缓慢，新的支持者越来越少。那么发起人就可以让前期投资人帮助自己，可以让他们用自己的资源为自己的项目做宣传，获取新的支持者。项目成功后，这些帮助过项目的支持者就会产生比普通支持者更高的荣誉感，他们会产生一种"如果这个项目没有我们的帮助就夭折了，这个项目的成功我也是出了一份力的"骄傲感。

3.6 推广宣传，把你的众筹告诉每一个人

想要自己的众筹项目被更多的人所熟知，就要懂得如何推广和宣传，通过推广的方式把你的众筹告诉每一个人。推广的方式有很多种，第一种就是懂得如何利用社交软件来做推广；第二种就是多与支持者联络，培养好感情，让他们成为自己的忠实支持者；第三种就是利用人的力量来帮助自己快速完成众筹目标。

3.6.1 玩转社交，玩好推广

众筹需要推广，发起人如果想要让自己的众筹项目被更多的人所认识，吸引更多的支持者，那么推广是必需的。如今是互联网金融时代，是互联网的天下，而互联网中最具人气的就是各种各样的社交软件，包括微信、微博、人人、豆瓣等，这些都是最直接最有效的推广营销工具。

福建省某个大学刚毕业的学生17岁时就查出了尿毒症，多年医治花光了家里所有积蓄。如今已被医院判定尿毒症晚期。因为负担不起医疗费，家里本来已

放弃治疗，但其表哥和同学为了帮助他，在轻松筹上发起了公益众筹项目，众筹第一期治疗费 15 万元。该项目在 2016 年 2 月 22 日发起，2016 年 2 月 29 日，距离项目结束还有 23 天时就已筹得 115059.08 元。

这个公益项目之所以能获得成功，微信推广是很大的一个原因。该项目发起人鼓动起身边所有的同学，包括患者的小学、初中、高中、大学同学，并让认识的、有联系方式的同学在微信上宣传推广。微信宣传的效果非常大，进行宣传的第三天，该众筹信息就已刷遍了患者小学、初中、高中、大学的朋友圈，并获得了他们的支持。而且这些知道该消息的同学，又把其信息发到自己的朋友圈上，让自己的亲戚朋友也参与进来。该项目，才一个星期就筹得十几万元，微信朋友圈推广在其中起到了巨大的作用。

①微信——新型的推广武器

不管是跨国大企业，还是个体营业者，都会通过微信进行推广宣传。微信之所以受欢迎，就是因为它的推广宣传效果非常好。微信朋友圈的传播能力非常惊人，一篇文章一旦被分享，就能达到一传十、十传百、百传万的效果。众筹项目如果通过微信来推广宣传，就能让更多的微信用户了解到，在几亿的微信用户中，总有一部分是你的潜在投资人。

在微信上进行宣传可以通过两个方面入手：一是建立自己的微信公众号，通过微信公众号的功能来推送项目的信息，吸引一些微信粉丝。每一个微信用户都是潜在的投资者，创业者可以通过微信号每天发送众筹项目的信息，让用户一步一步地对自己的众筹项目有所了解，当用户通过微信对你的众筹项目产生兴趣之后，就可以把这些用户导入自己的众筹项目中。二是充分利用微信的各种功能。微信如今之所以会成为众多企业营销的首选之一，就是因为微信的各个功能都非常强大，其每一个功能都能成为营销利器。如微信摇一摇、扫一扫、漂流瓶、附近的人、微信红包、朋友圈、好友圈等。这些功能都可以帮助创业者为自己的众筹项目做宣传。

②微博——一个引发光速传播的神奇工具

微博推广效应的强大已经被无数个现实案例所证实。毫不夸张地说，微博，它就是一个能引发光速传播的神奇工具。微博有两个特点：一是无论优劣，人人都能够写上几条；二是可以被无限制关注，每个人都可以随意转发互动。这两个特点导致了三个结果：第一，信息传播快。第二，受众足够多，微博的用户多达几亿。第三，通过微博影响用户比其他方式更加直接和容易，因为微博是舆论的掌控地。这三个结果对于推广宣传有着至关重要的作用，因为它能在最短的时间内，把你的信息快速传递给用户。

要想让自己的微博受到关注，那么内容写作的技巧是必须要掌握的。关于众筹项目的博文撰写有几个技巧需要把握：第一，标题吸引人，易于情绪化感染。微博的标题要让人有联想，一看就能想象到该众筹项目为自己所带来的利益。第二，语言组织通畅，一气呵成，这是所有类型的文章都要掌握的。用户是通过具体的内容来了解到众筹的具体情况的，因此，文字的把握非常重要，要让用户一看就懂，一眼就能捕捉到该众筹项目的优势。第三，加入一些元素，放大项目的价值。例如注明哪个投资人已投资这个项目，这个项目被哪个名人推荐了，将这些具有宣传效果的、有价值的信息在文中体现出来。第四，转发用户的评论。将一些有意思的评论转发出来，增加与用户的互动和趣味性。

③豆瓣——市场口碑的引领者

在豆瓣上，用户可以自由发表有关书籍、电影、音乐的评价，或是搜索别人的推荐，分类、筛选、排序都是由用户自己产生和决定的，豆瓣用户甚至可以自行选择在主页出现的内容。豆瓣以个性、中立、公平、犀利的评价著称，同时伴随有效的推荐机制，形成了众多风格迥异、话题相同的小组，吸引了众多的网友。许多豆瓣用户都标榜自己是文艺青年，他们对事物的评价得到了很多网友的认可。因此，现在很多网友都会以豆瓣网上的评价为参考，例如一部电影只要豆瓣的用户说好看，他们就会以这个作为自己看电影的第一选择。可以说，豆瓣在一定程度上已经成为市场口碑的引领者。

众筹发起人可以利用用户创造活动分享的功能做口碑宣传，这个功能让豆瓣形成无数个相同话题的小社群，通过 TAG 标签和关注，建立起一个庞大的好友社区。这些小组不同于显示中的群体，也不同于互联网上临时形成的松散群体，豆瓣网的小组群体有着高度的相似性，它们的划分特色分明、凝聚力强、交流性好、互动性高。众筹发起人可以通过在豆瓣网上创建小组，加以引导，和用户进行一系列深度的讨论，同时通过对"碎片"小组的整合，形成一个强大的传播优势，通过豆瓣用户对项目的良好口碑在网络上形成有效的扩散。如图 3－11所示。

3.6.2 加强与投资人的感情培养

每个人都是感情动物，众筹项目的支持者也是一样，他们也有感情。如果众筹项目的发起人能与支持者培养好感情，那么他们就会成为该项目或者发起人的忠实粉丝。他们会主动为项目做宣传，利用自身的资源为项目拉拢更多的投资人。当发起人再一次发起众筹项目时，他们会第一时间成为新众筹项目的支持者。因此，众筹项目的发起人不能只把支持者当作资金的来源渠道，而是要把他们当作朋友。

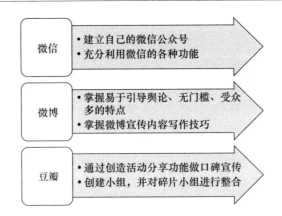

图 3-11　三大社交软件的推广技巧

　　城市漫步小狗智能机器人于 2016 年 2 月 1 日在京东众筹发起项目，截至 2016 年 2 月 29 日，该项目就已经获得了 534015 元的支持金额，该项目已经获得成功。这个项目发起团队经常在京东发起项目，成功率很高。他们有一批很忠实的支持者，只要这个团队推出项目，一般都会大力支持。

　　该团队之所以能获得这么多忠实粉丝，就是因为他们懂得培养感情。给投资人送小礼物，让他们感受到额外的惊喜。对于他们的反馈和建议及时处理，他们收集粉丝中肯的建议，对自己的项目进行修改。除此之外，还会经常和粉丝互动，回复粉丝评论的同时并将之置顶到话题首页，让粉丝感受到充分地被重视。

　　①给支持者送点小礼物

　　在众筹项目中，除了能以设置回报的方式来吸引创业者，也可以给他们额外送一些小礼物，博得他们的好感。特别是在项目成功后或者是当项目达到某一个高度后，承诺给这些支持者一些小礼物，让他们享受一下意外之喜，这对于提高项目的体验感是非常有帮助的。同时，支持者也能感受到发起人的诚意，从而对其产生比单纯的投资更深的感情。

　　②收集反馈、回复评论，增加互动

　　如何才能培养出于支持者的感情，并使之成为忠实的粉丝呢？发起人一定要注意两点：第一，及时收集用户反馈。让支持者在讨论区对产品提出建议，选出最具代表性、最具参考价值的建议，然后根据建议来修正自己的产品。第二，及时收集支持者的反馈，除了能帮助自己改正产品的缺点，还可以让这些提出建议的支持者感到自己受到了重视。回复支持者提出的一些建议，也是非常重要的，回复支持者的评论，与他们进行互动，通过互动增进感情。持续的互动不仅能增加支持者的黏性，还有助于支持者顺利转化为忠实的粉丝。

3.6.3 善用人的力量

人的力量是无穷大的，可以创造出许多奇迹。那些成功者都善用人的力量，他们通过这股力量来成就自己的事业。就像小米手机的成功，就是因为其董事长雷军懂得利用人的力量来帮助自己进行传播、推广。众筹项目也一样，只要善于运用人的力量，就能让自己的众筹项目迅速获得成功。

京东众筹"燃烧吧少年冠军夜"项目可以说，就是很好地利用了人的力量。这个项目起源于浙江卫视和天娱公司的一档类似于选秀节目。在节目播出时，不管是节目本身还是各个选手都积累了一大批粉丝。因此，当该项目在京东众筹发起时，这些忠实的粉丝就成为该项目的第一批支持者。除了成为支持者，得到去现场看偶像的机会，这些粉丝还会主动帮助项目做宣传，在微博、微信、豆瓣上大力吆喝，为众筹项目吸引更多人气的同时，也为节目造势。

截至 2016 年 2 月 29 日，该项目已经筹得 409045 元，远超目标资金 10000 元。能取得这么好的成绩，粉丝在其中起到了重要的作用。

①让铁杆粉丝帮助你

一个想通过众筹项目不断获得资金的创业者，最怕的就是没有铁杆粉丝，特别是对于这个股权众筹的领投人，如果没有铁杆粉丝的支持，就无法起到领投的作用。还有那些想再次发起众筹项目的支持者，如果不能在第一次众筹时积累下一批忠实的粉丝，那么当他第二次进行众筹融资时，一切又要重新来时，甚至要承担比第一次更大的风险。

当创业者发起众筹项目之后，就会拥有第一批的支持者，他们会主动为项目进行宣传推广，吸引更多的投资人。发起人要及时联系项目的第一批支持者，除了通过平台向他们随时汇报项目的进展情况之外，也可以私下联系这些支持者，加 QQ、微信、微博，与之成为好友。当你得到这第一批支持者的信赖后，他们自然会成为众筹项目的传播、宣传者。

②充分发挥项目发起人的魅力

每一个众筹项目的发起人，本身就是项目的最初支持者，也是促使项目获得成功的最大推动者。那些支持者之所以会愿意投资这些项目，很大一部分原因就是被项目发起人的魅力所吸引。如一些图书、音乐众筹项目的发起人，这些众筹的支持者多数是作者或者歌手的粉丝。他们无须任何推广手段，支持者就会自动上门，特别是一些歌手的粉丝，这就是项目发起人的魅力。

3.7 众筹，让你投融资两不误

融资难，一直都是中小微企业难以解决的问题，但众筹完全可以解决这个问题。众筹是互联网金融投资的最佳选择之一，股权众筹可以让你成为潜力公司的股东，在未来获得大笔分红，产品投资可以让你买到比市场价格低很多的好产品。总之，众筹，让你投融资两不误。

3.7.1 众筹，为中小微企业解决融资难题

以往，中小微企业或者个人创业者想要融资是非常困难的，向银行申请贷款需要经过重重审核，除了时间限制、空间限制还有高昂的利息；依靠个人能力向亲朋好友借钱也借不了多少，而且还会欠下人情债。同时，传统的债务思想观念是资金不足就无法进行负债，有了股本才能贷款，而中小微企业多数存在资本不足的问题。众筹的出现，为中小微企业有效解决了融资难的问题。

筹道股权平台上有一个名为 1454's cafe 优质快消咖啡单店融资项目。为什么该项目会在众筹平台上进行股权众筹呢？就是因为资金不够，找银行贷款，没有抵押物，没有一定的资格条件是无法申请到贷款的，即使申请也需要花很长的时间。为了能拿到资金顺利开店，项目发起人发起了股权众筹。截至 2016 年 2 月 29 日，该项目已融资成功，获得了 33 人的支持。

①根据自己的情况选择融资模式

发起人要对自己的项目有充分的了解，因为众筹有四大模式，每一种模式都有其特点。例如股权众筹就比较适合成长性较好的高科技创业公司。但是这种模式，需要发起人本身具有极大的个人魅力，能影响到一定数量的支持者。例如可以由一个在专业领域有影响力的人来发起众筹，然后结合社交网络进行众筹融资。

②多数的支持者都是小号粉丝

多数的发起人特别是股权众筹的发起人在寻找融资对象时，都是往大型企业机构、微博大 V 方向寻找，其实大多数的支持者都是关注你的小号粉丝。他们有些甚至没有什么投资经验，但是只是对你或者对产品产生了兴趣，愿意支持你的众筹项目。因此，发起人在平时千万不能忽略这些小号粉丝，要相信每一个粉丝都是潜在的支持者。

3.7.2 众筹，让你得到比市场更便宜的产品

众筹为什么会越来越火，越来越受到市场的欢迎，越来越被人认可？有很重

要的一点就是能让投资人得到比市场更便宜的产品，特别是一些科技类的产品。

例如在京东众筹，京东本身就是以电子科技产品为业务核心的电商平台，在电子科技电商这块领域，人们对京东的认可度很高。除了产品好，能得到品牌、质量的保证之外，产品的价格也比实体门店的价格便宜。而京东显然也把这一特点带到了自己的众筹业务中。因此，京东众筹中的电子科技产品类众筹，尤其受投资人的欢迎。

例如在京东众筹进行的"OLAA 360 全景相机"项目。这款相机于 2016 年 1 月 28 日在京东进行众筹，截至 2016 年 2 月 27 日已经获得了 378301 元的众筹资金，远远超过了目标资金。该项目的支持者达到了 1430 名，之所以有这么多人支持这个项目，首要的原因肯定是产品够好；其次是因为这款产品众筹后，就会投进市场，到时产品的价格会远远超过众筹的价格。用 599 元就能获得预期市场价格 999 元的 OKAA 全景相机一台＋8GTF 内存卡 1 张。现在支持众筹项目，就可省下 400 元，还能获得一张 8G 的内存卡，支持者们何乐而不为？

①认清产品众筹和产品团购的区别

很多人都会觉得产品众筹和团购非常相似，很容易混淆。其实它们是两种完全不同的方式。产品众筹是利用互联网的传播特性，发起人对网友展示创意来获取支持者的关注，采用预购的形式向社会募集生产资金，而产品最后什么样，不得而知。而团购则是指来自不同方面的消费者联合起来，加大与商家的谈判能力，以求得最优惠的价格来购买一件产品。

产品众筹是针对还未面世的产品，支持者可以对产品的性能和服务提出建议。而团购是现成的产品，消费者参与是为了购买产品。所以，产品众筹购买的是首发产品，团购则是成熟的批量化产品。

②进行产品众筹时要综合考量

产品预售类众筹有一定的风险，别以为产品众筹可能花了几十元或者几百元就不放在心上。由于产品众筹亏本生产，项目方发不出货只是一方面。即使拿到了众筹产品，产品与预期不符或者粗制滥造的情况也时有发生。所以，要想把产品众筹的投资风险降到最低，让自己拿到真正的物美价廉的产品，那么就一定要选择一个运营能力强、正规有资质的众筹平台。

目前国内比较受认可的众筹平台如京东众筹、淘宝众筹、众筹网等。这些众筹平台首先都有平台保障，平台前期会对项目发起人进行审核，同时会查看项目发起人的网络关系和网络痕迹。如果之间没有一点痕迹要做这个项目，平台是不会予以通过的。同时，还会对项目的可行性进行审核，通过后才会上线。

3.7.3 众筹，帮你找到最合适的投资项目

不是每一个人都会投资，还需要衡量个人的投资能力和抗风险能力。在实际

的投资过程中，投资人还是要选择那些自己熟悉领域的项目，这样对风险才能有更加客观的认识。如图 3 – 12 所示。

> 怎么选项目
>
> - 步骤一：1.做好投资心理准备
>   2.要有组合投资概念
> - 步骤二：1.热门项目：离钱近（游戏、电商、广告、金融）
>   2.离用户近（互联网公司推出的项目）
>   3.离技术近（有第一无第二的关键技术）、
>
> 怎么投项目
>
> 1.找专业投资人咨询。 2.做跟投人，跟着领投人投资

图 3 – 12　选择合适投资项目的技巧

①怎么选项目

选择一个好的众筹项目，是投资获利的前提。那么如何才能选择到一个好的众筹项目呢？那么就要先解决几个问题。普通投资者如何涉入股权众筹？首先要做两个方面的准备。第一是要有投资心理准备。早期投资的成功率都不高，但是回报率比较高，一旦有一个项目成功，发展起来有10% ~ 20%的回报率是非常常见的。但也要建立正确的投资理念。这样才能获得成功。第二是要有投资组合的概念。因为早期投资的成功率不高，因此要避免"把所有的鸡蛋放在一个篮子里"，要有组合投资的概念。

目前股权众筹项目都有哪些？比较热门的是哪几项？总体来说，有三种类型的项目是比较容易成功的：一是离钱近的项目。比如游戏、电商、广告、金融等。二是离用户近的项目。一些互联网公司推出的项目都能抓住用户的需求，在短期内就能抓住大笔用户的需求。三是离技术近的项目。初创业的公司资金实力虽然不足，但是如果一项关键技术有自己的独特竞争力，并能保证在短期内不被对手超越或者复制，那么这种类型的项目就是可投资的。

②怎么投项目

选好项目后，接下来就是如何投项目了，投项目同样要解决一个问题：普通投资者若是非专业投资人，那么投资时跟投是否会好一些？要想在股权众筹中获利，那么就必须要有专业的投资者。专业投资者有很多成功投资的经验。他们会定期把自己正准备投资的项目拿出一定的额度放在众筹平台上给个人投资者投资。专业投资人会利用自己的专业知识，把项目选择、风险控制、交易结构等非常专业的事情做好，可以让普通投资者省下很多心思。换句话说，股权众筹的投资者一定要做一个跟投者，跟着专业投资者投资。

3.8   众筹有风险，投资立项需谨慎

作为新兴的互联网金融模式之一，因为法律法规的不完善，众筹存在着不小的风险。我们时常可以看一些关于众筹的负面消息。这些负面消息是每个众筹人都在担心的，也是阻碍众筹发展的一大原因。每个行业都存在着风险，难道有风险就不做了吗？其实只要做好安全防范的工作，不给发起人触犯法律的机会，也不给投资人受到财产损失的机会就好。

①众筹的法律风险

众筹模式还很不完善，相对应的法律法规也比较模糊。很多人一不小心就触犯了法律法规。不管是谁，一旦触碰到了法律红线，就要付出相应的代价。因此，如果我们要避开法律风险，就要先读懂法律。如图 3 - 13 所示。

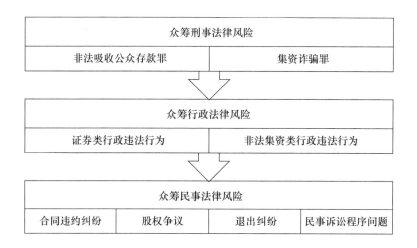

图 3 - 13   众筹可能面临的法律风险

第一，众筹刑事法律风险。在关于众筹的刑事法律法规中，众筹最有可能面临的就是非法集资罪的风险。刑法对非法集资做了专门的规定，将非法集资分为两个罪名：一是非法吸收公众存款罪。我国刑法第一百七十六条明确规定，非法吸收公众存款是指违反国家金融管理法规非法吸收公众存款或变相吸收公众存款，扰乱金融秩序的行为。非法吸收公众存款有四个基本特征——非法性、公开性、利诱性、社会性。即未经有关部门依法批准或者借用合法经营的形式来吸收资金；通过媒介、推介会、传单、手机短信等途径向社会公开宣传；承诺一定期

限内以货币、实物、股权等方式还本付息或者给付回报；向社会公众即社会不特定对象吸收资金。二是集资诈骗罪。我国刑法第一百九十二条专门规定了集资诈骗罪，根据规定，集资诈骗罪是指以非法占有为目的，使用诈骗的手段非法集资、数额较大的行为。

第二，众筹行政法律风险。如果众筹触犯法律法规的情节不那么严重，没有触及刑事法律，达不到立案标准。在此情况下就有可能会触及行政法律风险。可能会触及行政法律风险包括证券类行政违法行为和非法集资类行政违法行为。如果项目发起人没有得到相关批准就公开发行股份，在未达到刑事立案标准的情况下，则有可能构成行政违法行为，需依法承担行政违法责任，由证券监督机关给予行政处罚。如果非法集资行为未达到刑事立案标准，则构成行政违法行为，依法承担行政违法责任，由人民银行给予行政处罚。

第三，众筹的民事法律风险。在现实案例中，众筹触及最多的法律问题，就是民事法律风险。在民事法律风险中触及最多的有四类：一是合同违约纠纷。二是股权争议。三是退出纠纷。四是民事。

②众筹的其他风险

除了众筹可能会触及的法律风险，众筹还有其他方面的风险。例如项目审核推荐涉嫌欺诈、资金控制不当导致平台难以为继，那么要如何防范呢？如图3－14所示。

> 如何防止项目审核推荐涉嫌欺诈
>
> • 线下约谈，做进一步了解
>
> 如何控制资金流
>
> • 平台不经手或管理资金，选择可信任的第三方平台或银行

图3－14　众筹的其他风险防范技巧

第一，如何防止项目审核推荐涉嫌欺诈？互联网出现的优点是让信息传递变得便捷，但缺点是因为网络的虚拟化而大大提高了欺诈的风险。众筹模式中的股权众筹是重中之重。如何防止呢？线下约谈是一个很好的方式。发起人和投资人可以在网上联系，初步了解后再进行线下约谈，进一步了解情况。面对面接触可有效降低合同欺诈风险。

第二，如何控制资金流？众筹平台起到的最大作用就是利用投资者的富余资本与发起人之间进行优化配置，提高富余资本的利用效率，从而解决了信息不对

称而导致的资本、资源浪费问题。众筹平台在此起到的是中介作用。不过与此同时为投资者或发起人带来不小的风险。如果众筹平台在中介的过程中能够控制资金的利用与流动，资金就存在着被平台挪用的可能，如果资金受损，平台又无法填补，那么投资者和发起人会产生巨大的损失。如果要避免这一风险，平台就不能经手或者负责管理资金，平台可选择可信任的第三方平台或是银行。

Chapter 4　P2P 网贷

——人人可贷、可投的互联网金融

P2P 网贷，是如今最受欢迎的互联网金融模式之一。除了受中小微企业和个人融资者的欢迎，也逐渐受到那些大型企业的青睐。除此之外，也是投资人最爱投资的互联网金融的产品之一。它的低门槛模式，实现了人人可贷款、人人可投资。

4.1　P2P 网贷

对于很多人来说，P2P 网贷还是个陌生的事物。那么什么是 P2P 网贷呢？我们可以先从三个方面来了解它。首先是 P2P 网贷的定义，其次是 P2P 网贷的起源，最后是 P2P 网贷兴起的原因。

4.1.1　P2P 网贷的定义

P2P 网贷，又称为 P2P 网络借贷。P2P 是英语 peer to peer 的缩写，意思就是个人对个人。英国是网络信贷的起源地，随后发展到美国、德国和其他国家。典型的模式为：网络信贷公司为借贷双方建立一个平台，然后借贷双方自由竞价，最后达成交易。资金借出人获取利息以及收益，并承当相关风险；借贷人到期偿还本金，最后网络信贷公司收取中介服务费用。P2P 网贷最大的优越性，就是能使在传统银行中寻求不到资金帮助的中小企业或是个人借贷者互联网里能充分享受到贷款的高效与便捷。

4.1.2　P2P 网贷的起源

P2P 网贷的流程和模型的雏形是由英国人理查·杜瓦、詹姆斯·亚历山大、萨拉·买休斯和大卫·尼科尔森 4 位年轻人共同创造的。2005 年 3 月，他们创办的全球第一家 P2P 网络信贷平台 Zopa 在伦敦正式上线运营。如今，该平台在意大利、美国、日本都有分部，平均每天线上的投资额达 200 多万英镑。

在 Zopa 的网站上，投资者可以列出资金、利率以及想要借出的款项的资金。融资人则可根据用途、金额搜索适合的贷款产品，Zopa 则向双方收取一定的手续费用，而不是赚取利息。

在我国，P2P 网贷平台最早出现时很难被接受，经过几年的发展，P2P 网贷都未发展起来，知道的人也很少。直至 2010 年，网贷平台才开始逐步进入创业人士的眼中，开始陆续出现了一些试水者。2011 年，网贷平台开始进入快速发展期，大批的网贷平台踊跃上线。2012 年，我国的网贷平台进入了爆发期，较为活跃的就有 400 多家。进入 2013 年，网贷平台更是蓬勃发展，每天都有 1～2 家平台上线，不过，与此同时平台数量大幅度增长所带来的资金供需失衡等现象开始逐步显现，据不完全统计，国内含线下放贷的网贷平台每月交易额近 70 亿元。2014～2015 年期间，随着国家金融监管的加强，P2P 网贷平台的增长速度有所缓慢，但是其发展方向却逐步走入健康。

4.1.3 P2P 网贷兴起的原因

P2P 网贷这些年在中国非常火，2013 年是中国互联网的金融元年，P2P 网贷平台也随之如雨后春笋般涌现。根据相关数据显示，2014 年新上线的 P2P 网贷平台就达到了 1228 家，2015 年 2 月底，全国就有 2650 家 P2P 网贷平台。P2P 网贷能快速发展的主要原因有以下几点：

第一，P2P 借贷平台的贷款利率较高，远超于正规金融机构，这对于投资人来说非常具有诱惑力。

第二，具有高科技信息手段支持平台运营。P2P 网贷是基于互联网生长起来的，因此没有时间、空间上的限制，借贷的范围没有了限制，因此有了更多的可能。而且，有了互联网技术的支持，P2P 借贷比其他借贷方式要方便快速许多。这也是 P2P 借贷为什么这么吸引人的原因之一。

第三，很多 P2P 平台推出本金保证担保等模式，让投资者感到放心。

第四，央行鼓励互联网金融发展创新的理念、方向、政策始终没有改变，而且还出台了一系列的相关政策规范 P2P 网贷行业，使其向更加健康的方向发展。这和强调消费者权益保护、强调防范风险、强调更好地服务实体经济并不悖行。

第五，借款需求决定了供给。在网贷平台出现以前，中小微企业或个人在出现资金缺口时，想要向朋友或者银行借款都比较有难度。向朋友借款资金有限，向银行借款手续烦琐，因此，借贷双方都需要一种方便、快捷而且平等的借贷方式。P2P 网贷充分满足了他们在这方面的需求。

第六，提供了一条新的投资理财渠道。相比于股市、不动产、黄金等其他投资品种来说，网贷平台平均年收益率是 10% ~ 20%，最高可达近 30% 的丰厚投资收益，这是很有诱惑力的。而且投资门槛低，又没有资金限额上的需求，同时可以分散投资，将一笔钱分散借给不同的人，降低投资风险。

所以，自 2011 年网络借贷行业进入快速发展期以来，一批又一批的网贷平台踊跃上线。

4.1.4 中国 P2P 网贷行业的发展现状

2015 年，随着监管措施的加强，P2P 网贷的平台数量增长有所缓慢，但是发展状况越来越健康。

①成交量与贷款余额

P2P 行业在 2012 ~ 2014 年发展迅猛，成交量从 2012 年的 212 亿元增长至 2014 年的 2582 亿元，年平均增长率高达 265%，贷款余额从 2012 年底的 56 亿元增长至 2014 年底的 1036 亿元，年平均增长率达到 33%。而 2015 年，发展更为迅猛。2015 年 12 月 P2P 网贷行业数据整体成交量达到了 1337.48 亿元，环比 11 月上升了 0.47%。伴随着政策利好的支持，网贷人气指数进一步攀升，越来越受到投资者的欢迎。P2P 网贷行业的成交量在 2015 年出现了强势增长，截至 2015 年 12 月底，2015 年全年的累计成交量达到了 9823.04 亿元，历史累计成交量达到了 1365221 亿元。这些数据都足以表明，P2P 网贷在中国的发展情况将越来越好。如图 4 - 1 所示。

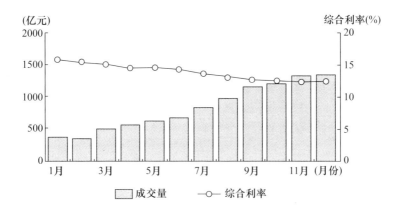

图 4 - 1 2015 年 P2P 网贷成量和综合利率

资料来源：网贷之家。

②2015 年 P2P 网贷全国版图

根据网贷之家数据显示，截至 2015 年 12 月底，P2P 网贷平台数量已有 3858 家，每月都呈递增趋势（如表 4-1 所示）。12 月新增 106 家问题平台，累计问题平台数量达 1269 家（如表 4-2 所示）。广东、上海、浙江、山东是问题平台的重灾区。跑路和停业是问题平台的最大原因。如图 4-2、表 4-3 所示，目前有 85% 的平台集中于广东、北京、山东、浙江、上海五大省区，地域的集中度相对较高，西部等偏远省份的发展则相对落后。

表 4-1　2015 年新增网贷平台数量　　　　　　　　单位：个

类别	时间	新增平台数量	累计平台数量
新增平台数量 89	2015 年 12 月	89	3858
	2015 年 11 月	171	3769
	2015 年 10 月	150	3598
累计平台数量 3858	2015 年 9 月	189	3448
	2015 年 8 月	228	3259
	2015 年 7 月	217	3031

资料来源：网贷之家。

表 4-2　2015 年新增问题平台数量　　　　　　　　单位：个

类别	时间	新增问题平台数量	累计问题平台总量
新增问题平台数量 106	2015 年 12 月	106	1269
	2015 年 11 月	79	1163
	2015 年 10 月	47	1084
累计问题平台数量 1269	2015 年 9 月	55	1037
	2015 年 8 月	81	982
	2015 年 7 月	109	901

资料来源：网贷之家。

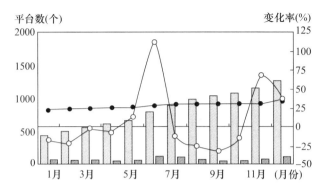

□累计问题平台数量 ▦新增问题平台数量 ━●━问题平台发生率 ━○━新增问题平台增长率

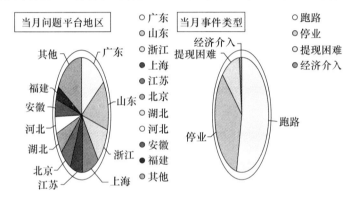

图4-2 2015年问题平台的基本情况

资料来源：网贷之家。

③P2P平台的类型结构

如表4-4所示，P2P平台的类型，分为民营系、银行系、上市公司系、国资系、风投系。2015年12月民营系平台数量达2413家，月环比增长-1%，累计问题平台数量达到了1263家，当月增长106家。民营系成交量达770.74亿元，月环比为0，贷款余额为2339.31亿元，综合利率为13.61%，平均借贷期限为6.85，当月投资人数为171.74万人，当月借款人数为44.23万人。如图4-3所示，相比于其他类型的数据，我们可以看到民营系的成交量、人气指数都是最高的，而且综合利率也是最高的，但同时我们可以发现，P2P网贷问题平台都出现在了民营系。2015年2月，民营系出现了106家问题平台。这个数据足以证明，民营系的P2P网贷平台虽然利率高但是风险也很大，其他类型的P2P网贷平台虽然利率较低，但是风险却很小。因此，中国还需要加强对民营系列P2P网贷平台的监管。

表4-3　2015 年12 月各个地区的 P2P 平台数据

省份	成交量 (亿元)	月环比 增长 (%)	运营平台 数量 (家)	月环比 增长 (%)	当月问题 平台数量 (家)	累计问题 平台数量 (家)	贷款 余额 (亿元)	综合 利率 (%)	平均借款 期限 (月)	当月投资 人数 (万人)	当月借款 人数 (万人)
全国	1337.48	0	2595	-1	106	1263	4394.61	12.45	6.93	298.02	78.49
广东	430.40	3	476	-1	16	214	872.26	12.19	4.18	81.62	12.96
北京	403.18	-11	302	2	7	74	1872.54	11.87	8.87	134.41	27.96
上海	160.06	11	213	-1	10	98	753.38	10.96	15.48	40.18	32.26
浙江	151.60	8	300	-1	11	144	354.97	12.10	3.76	21.04	3.45
其他	82.98	6	669	-1	30	343	255.78	15.96	4.46	10.07	0.41
山东	37.61	47	329	-1	15	234	71.78	16.46	4.49	1.44	0.57
四川	29.23	13	84	-1	2	43	45.09	13.38	3.42	2.40	0.42
江苏	26.91	-1	132	-4	9	77	125.11	16.57	5.28	3.10	0.27
湖北	15.53	-4	90	-1	6	36	43.70	16.15	4.21	3.77	0.20

资料来源：网贷之家。

表4-4　2015 年12 月 P2P 平台的结构类型

类型	成交量 (亿元)	月环比 增长 (%)	运营平台 数量 (家)	月环比 增长 (%)	当月问题 平台数量 (家)	累计问题 平台数量 (家)	贷款 余额 (亿元)	综合 利率 (%)	平均借款 期限 (月)	当月投资 人数 (万人)	当月借款 人数 (万人)
民营系	770.74	0	2413	-1	106	1263	2339.31	13.61	6.85	171.74	44.23
银行系	139.34	-8	14	8	0	0	407.21	5.35	7.64	31.05	8.18
上市公司系	209.86	4	48	4	0	0	584.63	8.95	4.31	46.66	12.02
国资系	112.84	29	68	0	0	0	304.75	9.98	5.27	23.64	6.42
风投系	249.81	13	68	1	0	0	894.37	11.33	8.59	54.66	13.76

资料来源：网贷之家。

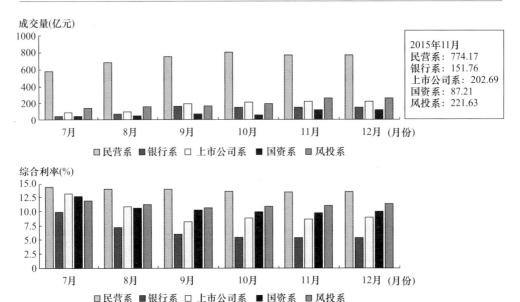

图4-3 2015年各类型平台的成交量和综合利率

资料来源：网贷之家。

4.2 融资贷款，什么样的模式最合适

中国的P2P网贷经过几年的发展，与起源于欧美地区的P2P网贷相比发生了很多的变化，有的提供担保机制，也有些P2P网贷介入借贷双方的债权债务关系中去，成为借贷资金流转的中转站。目前，P2P网贷的经营模式有很多种，但基本上可以从三个角度进行划分。即纯平台模式和债权转让模式、纯线上模式和线上线下相结合的模式、无担保模式和有担保模式。

4.2.1 纯平台模式和债权转让模式

根据目前我国P2P网贷公司相关借贷流程的不同，P2P网贷可以分为平台模式和债权转让模式两种。从借款的流程来看，是指借贷双方借贷关系的达成是通过双方在平台上直接接触的，一次性投标达成，这就是纯平台模式。而通过平台上专业放贷人介入借贷关系中，一边放贷一边转让债权来将出借人与借款人连接起来，让借款资金从出借人转到借款人手中的这种模式称为债权转让模式。

①纯平台模式

纯平台模式保留了欧美传入的 P2P 网贷的原始面貌，即出借人可以根据自身的需求在网贷平台上自主选择贷款对象，平台不介入双方之间的交易，只负责信用审核、展示和招标，其盈利模式是收取账户管理费和服务费。例如拍拍贷以及美国的 Leading Club 就属于纯平台模式。

②债权转让模式

债权转让模式又称为"多对多"的模式，指借贷双方不直接签订债权债务合同，而是通过第三方个人先放款给贷款人，再由第三方个人将债权转让给投资者。其中，第三方个人与 P2P 网贷平台密不可分，一般都是平台的内部核心人员。P2P 网贷平台则是通过对第三方个人债权进行金额拆分以及期限错配，将其打包成类似于理财产品的债权包，方便出借人选择。由此，借、贷双方由第三方个人产生的借贷关系的模式使原本的"一对一"、"一对多"或者"多对一"的 P2P 借贷关系转变为"多对多"的债权关系。在这种模式下，P2P 网贷平台需承担借款人信用审核以及贷后管理等相关的职责，如宜信贷。

③纯平台模式和债权转让模式的对比

从商业逻辑上来看，债权转让模式能够更好地连接起借款人的资金需求和出借人的投资需求，主动地批量化开展业务，而不是被动等待各自匹配。不过债权转让因为信用链条的拉长，以及 P2P 网贷与第三方个人的高度关联性，因此受到了外界的颇多质疑。纯平台模式和债权转让模式的借贷关系完全不同，纯平台模式是借贷双方直接发生借贷关系，而债权转让模式则是由平台介入到借贷双方之间，呈现一边借贷一边转让的借贷关系。

4.2.2　纯线上模式和线上线下相结合模式

在英美等国家，P2P 网贷平台仅是为借贷双方提供信息交流的中介，制定交易规则并且促成交易完成，但平台不参与到借贷利益关系中，借贷双方是直接发生关系的。而在中国，因为征信体系的不健全，个人信用情况难以判断，因此大部分的 P2P 平台无法承担全部工作，只能完成其中的一部分。而用户获取、信用审核以及筹资过程在不同程度上都由线上转到了线下，P2P 网贷平台的运营模式也可以由此分为纯线上模式以及线上线下相结合的模式。

①纯线上模式

P2P 网贷纯线上模式是指平台可以作为单纯的网络中介存在，承担着制定交易规则和提供交易平台的责任，从用户开发、信用审核、合同签订到货款催收等整个业务都是在线上完成。其审核借款人的方法包括：网络视频认证、查看银行流水账单、检查身份证信息等方式。纯线上模式的 P2P 网贷平台的优势在于规范透明、交易成本低；缺点是数据获取难度大、坏账率高，也正是这样阻碍了 P2P 网贷纯线上模式的发展。需要注意的是，"纯线上"的概念，不单是指信用审核等风控手段主要是在线上完成，还指用户开发、产品销售等环节都是线上完成，不涉及线下。

因为没有线下审贷环节，在纯线上模式中对贷款人进行信用审核，都是通过大数据来完成的。P2P 平台先建立一个数据模式，利用这个模式对采集到的信息进行分析，最后再对借款人的信用额度进行评判。如拍拍贷。

②线上线下相结合模式

线上线下相结合的模式，是指 P2P 网贷公司在线上主攻理财，吸引出借人，并且公开借贷业务员信息以及相关的法律服务流程。而线下部分则专门负责强化风险控制、开发贷款端客户。借款人在线上提交借款申请之后，平台就可通过线下的实体店或者专门的团队采取入门调查的方式来审核借款人的相关信息。线上线下相结合的模式是海外纯线上模式在中国的本土化，因此较为适合中国当前信用环境，因此成为中国绝大部分 P2P 网贷公司的选择。

在纯线上模式中，利用大数据进行审核可以节约较多的人力成本，但是缺点就是数据模型存在着一定的问题，而这个问题导致的直接后果就是信用审核可靠性降低、风险控制不成熟、逾期率和坏账率普遍偏高。为了降低风险，提高平台收益，许多网贷公司都会采取线上完成筹资部分，线下设定门店与小贷公司合作或者成立专门的营销团队去寻找需要借款的用户并进行实地考察。这么做有三个方面的好处：一是创新审核方式。二是提高用户信用、减少坏账率。三是有效开发借款人。例如人人贷。

③纯线上模式和线上线下模式相结合的对比

从经营的角度上来讲，网上筹款，线下进行风控以及用户开发，可以让平台得到快速发展。而纯线上模式的平均借贷额度较小，约为 1 万元，而且只在网上进行审核，做一些最基础的评级，风险程度较高。而线上线下相结合的模式对借款人的信用评级更加准确，坏债率较低，同时在风险可控的情况下，借贷额度也会较高。不过这种模式线下人力成本高、时间成本加重、审贷效率低，因此就需要单笔收益足以覆盖实地调查成本。除了提高交易服务费的方式就只能提高单笔借款额度才能满足盈利要求。线上线下模式也存在着局限性，首先就是地域局限，只能在门店所能辐射的范围内，如果范围过大，成本就会提高，这也是 P2P 网贷公司借贷服务范围出现细分现象的最大原因，而线下模式的快速扩张也会引发不同地域风控不统一的问题。

从 P2P 网贷历史以及中国国情来看，线上线下相结合的模式更容易发挥两端的优势，线上做营销收款，进行资金聚集，能发挥出互联网的集群以及长尾效益；线下做审核放款，做信用调查，则有利于债务的管理与追偿。对于出借人来说，风险程度也较小。

4.2.3　无担保模式和有担保模式

在我国 P2P 网贷平台采用的征信手段中，除了直接实地信用审核的线下模式之外，还有一种就是采用担保机制来有效降低出借人的资金损失风险，因此根据有无担保机制来分，可以将 P2P 网贷分为无担保模式和有担保模式。

①无担保模式

无担保模式保留了 P2P 网贷模式的原始模式，平台只负责信用认定和信息撮合部分，给用户提供的所有借款都是无担保的信用借款，借款风险由借贷双方自己承担，借款的金额和期限也是自主选择。贷款逾期和坏账风险都由出借人自行承担，平台不进行本金保障承诺，也不设立风险准备金以弥补出借人可能会发生的损失。

②有担保模式

现今，大多数的 P2P 平台都会引入担保机制，降低出借人的风险。其目的就是为了有效拓展出借人用户，提高平台的交易量和知名度。而根据担保机构的不同，有担保模式可以分为以下两种。

第一，第三方担保模式。第三方担保模式是指 P2P 网贷平台与第三方担保机构合作，其出借人的保障工作全都由第三方担保承担，平台不参与。在第三方担保模式中，P2P 网贷平台作为中介，不吸储也不放贷，只提供金融信息服务。此类平台交易模式多为一对多，即一笔借款需求由多个出借人投资，如超爱财。

引入第三方担保机构担保是国内 P2P 网贷公司控制平台积聚风险的重要手段。在担保模式中，小贷公司和担保公司进行对 P2P 网贷平台项目进行审核与担保，P2P 网贷公司给其渠道费和担保费。这样既节省了风控以及业务成本，降低了平台风险，同时又搭建起了借款人、风险控制机构、P2P 公司等多方共赢的平台。目前来看，这是最安全的 P2P 网贷模式。P2P 网贷不负责坏账处理，也不承担资金风险，并且逐步剥离自身发掘的考核项目的工作，只是作为中介的形式而存在，提供金融信息服务。但是，担保模式只是实现了 P2P 网贷平台的风险转嫁，其投资风险依然存在，坏账率依然受到与平台合作对象的运营能力的制约。

第二，平台担保模式。平台担保模式是指由 P2P 网贷平台自身作为出借人的资金安全提供保障。在这种模式中，借贷双方达成的协议中一般都会包含"本金保障条款"，这样贷款到期时，如果出借人无法收回本金和利息，就可以将债权转让给平台，平台会先将本金还给出借人，然后将坏账划入自己的名下，再由平台对贷款人进行追偿。

目前，P2P 网贷平台进行赔付的资金主要来源于两种：一种是平台的自有资金；另一种是专门的风险准备金。因为 P2P 网贷平台的准入门槛没有强制性的法律规定，所以平台的自有资金相对偏低，采用第一种的 P2P 平台还是较少，多数的 P2P 平台采用的担保方式还是依赖于专门的风险准备金。其风险准备金一般是从借款人的借款额或者出借人的借贷利息中抽取一定比例后，直接划入风险准备金中。

这种风险准备金保本机制的出现是为了适应我国的信用状况，提高平台交易量和知名度。因为只有"保本"才能吸引更多的用户。但同时也会导致两个问题的出现：一是平台承担了过多的代偿义务后就会让风险过于集中，因此在风控环节需要投入更大的资本，一旦出现风险准备金难以垫付逾期贷款的本金和利息，就会导致平台面临流动性困难，给出借人带来更大的风险。二是这种本金保障条款会让出借人产生投资心态，因为在这种情况下出借人不再用心考察出借人的借款用途，只求尽快脱手，以防出现平台实力不够导致坏账过多超过其购买债权的能力，无法真正履行其保本保息的承诺。如积木盒子。

③无担保模式与有担保模式的对比

无担保模式平台仅能发挥信用认定和信息撮合的功能，需要出借人自己承担风险，平台不参与其中。而担保模式虽然是基于中国国情而衍生出来的 P2P 网贷新模式，但是不管是第三方担保还是平台担保，都没有解决根本上的问题。它们只是转移了风险，而没有降低风险。如果没有建立一个完善的机制来约束借款人，逾期率和坏账率依然是 P2P 网贷的致命伤。

4.3 投资贷款，平台选择是关键

要想成功融资，平台的选择非常关键。通过新闻我们也可以知道，这几年 P2P 发展得很快，但是出现的问题也不少，特别是平台问题。因此，选择一个融资快、利率低同时还要保证安全性的平台就非常关键。

那么，如何选择网贷平台进行融资贷款，在获得自己想要的收益的同时，还能保证安全呢？

选择一个好平台，那么我们就要先了解平台的危机是从何而来。首先是经营不善，导致收入不能覆盖成本；其次是交易机制设计不合理，例如信用审核机制的不完善，借贷周期的时间限定有问题，交易风险赔偿制度设计存在缺陷，甚至是利息制度的设计都存在巨大隐患，等等。最后是存在交易机制设计的漏洞，被不法分子利用进行骗贷活动。

红岭创投可以说是个不错的平台，年利率水平基本上保持在 15% ~ 20%。

2009 年红岭创投正式上线运营，注册的规模达到 6000 万元。投标的保障是 VIP 本金保障，非 VIP 享受 50% 的本金颠覆，风险准备金 8000 万元。用户对其的评价印象也非常好。如图 4 – 4 所示。

红岭创投　发展指数：54.21　　　　　　　　　　　　　2015年12月　排名第17位

平均收益	10.62%
投资期限	1月标(71.8%)、天标(25.9%)
注册资金	6000万元
自动投标	支持
债权转让	随时
资金托管	无托管
投标保障	VIP100%本金保障，非VIP享受50%本金垫付
保障模式	风险准备金(8000万元)
担保机构	–

图 4 – 4　红岭创投的基本情况

资料来源：网贷之家。

红岭创投连续多月排在 P2P 网贷业绩榜的第一名，可以说是受到了许多用户的支持。截至 2016 年 2 月 26 日，红岭创投拥有投资人 919645 个，累计成交投资金额达到 124186 万元，投资人已赚取收益 303482 万元，投资人待赚取收益 225900 万元（如图 4 – 5 所示）。

919645个　　　　　124186万　　　　　303482万　　　　　225900万

智慧的投资人加入红岭　累计成功投资金额　投资人已赚取收益　投资人待赚取收益

红岭指数2016-02-24　　　红岭创投9.98%↑　　　P2P综合9.4%↑

安全保障，理财无忧　　　**低门槛，高收益**　　　**多种期限，投资更灵活**

风险保证金保驾护航　　投资门槛仅50元　　　多种借款期限（5天至36个月）
5道风控审核收益安心有保障　年化收益高达15%~18%　多种还款方式及债权转让功能

图 4 – 5　红岭创投的业绩

资料来源：红岭创投官网。

①利率水平

利率水平，这也是投资者非常关注的问题。一是同一个平台上不同标的也会存在着利率差异，以及标的还款周期和方式等都是投资者可以根据自身情况来进行选择的。二是不同的平台利率间的差异，大致可以分为高息、利率适中、低息的平台。投资高息平台一定要谨慎，最好选择分散投资的方式，同时结合对标的适当分析。

②其他因素

第一，首先要通过成立时间、注册规模、营业网点布局、模式等几个方面进行初步的分析选择。如前文所言，成立时间短的平台实力不够。同时这些新兴平台中存在的各种推广活动，如果推荐资金量大、收益高的产品，投资者一定要特别注意。

第二，看平台创始人以及股东的实力。可以查询 ICP 的注册备案，除了看是否有第三方支付平台的公司审核，同时还要确认平台宣传备案的股东和 P2P 平台之间的准确关系。此外，如果是由知名投资公司进行投资的 P2P 网贷平台，可能会更有保障。

第三，对借款人信息充分了解。要了解平台上的优质借款人的数量，是通过什么途径挖掘出这些优质借款人的。了解该 P2P 平台是如何验证借款人提供的信息的？是否进行过实地考察？是否通过同业征信平台了解借款人在非正规金融机构的借款信用信息等。

第四，看平台的担保形式和风险保障程度。目前，P2P 平台的担保方式通常有无担保、风险保证金补偿、公司担保，等等。

第五，了解该 P2P 平台的坏账率。这些坏账率信息有些是由第三方专业公司鉴定公布的，有些是自行发布的，公布的频率有所不同。同时，有些平台也会向投资者定期公布对应借款人的违约情况报告。

4.4　投资有方法，理财有技巧

如果想要在 P2P 网贷投资中赚到钱，那么技巧一定是需要掌握的。例如重仓投资的方法、分散投资的方法、组合投资的方法等。

4.4.1　重仓投资

重仓投资，以往都是用在形容股票上的，现在也可以用在 P2P 的投资上。那么什么是重仓投资呢？其实就是当你投资的网贷平台不止一个时，某个平台的投资规模比例大于其他的网贷项目，那么这个平台就是你重仓持有的 P2P 平台。重仓投资对资金的分配比例很高，对个别平台的资金占比一般是在 20% 以上。它的特征就是总的项目数很少，一般不会超过 5 个。因此，对于投资平台的挑选尤其重要。平台的跑路概率、挤兑概论、遇到流动性风险的概率都不相同，因此我们要通过分析总结划分出平台的投资重点。

比如李某投资了 A1、A2、A3 三个平台，A1 持有 50%、A2 持有 40%、A3 持有 10%，那么 A1 就是李某重仓持有的平台，这种投资行为就可以称为"重仓投资"。重仓持有的 P2P 平台能决定李某整体投资的盈利，必须精心选择。

①使用重仓投资的技巧

首先，要对所投资的平台进行深入的了解和研究，准确地掌握该平台的所有信息，如果有了充分把握，就可进行重仓投资了。其次，不熟的 P2P 平台最好不要投，每个人精力有限，只能把有限的精力集中放在几个平台上，这样才有足够的时间和精力去研究所投资平台的详细信息。最后，可以对一些新平台进行投资，因为一般来说新平台的前几个月是安全期，所以重仓自己认为安全的新平台，这样即使是新平台有问题，也可以及时发现，从而在赚取大利润的同时又能有效防范风险。如图 4 – 6 所示。

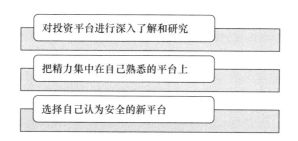

对投资平台进行深入了解和研究

把精力集中在自己熟悉的平台上

选择自己认为安全的新平台

图 4 – 6　重仓投资的技巧

②重仓投资的优缺点

重仓投资的优点有三个：一是能达到准确定位并且识别风险，能及时地发现风险。二是有效地防范系统性风险。三是集中精力，能深入分析和掌握投资平台的很多细小的信息，并通过这些信息来判断平台的风险。

重仓投资的缺点有三个：一是一旦发生不可预知的风险，就会让自己陷入巨大的财务危机。二是信息的不对称性，自己被隐瞒了重要信息，进而产生了误判，导致重大决策失误。三是对信息的要求很高，需要掌握足够的信息量才能有效防范风险。如图 4 – 7 所示。

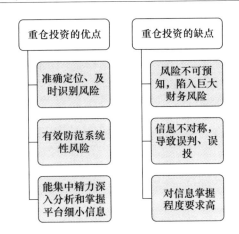

图 4 - 7　重仓投资的优缺点

4.4.2　分散投资

分散投资是指同时投资在不同的资产类型或者不同的证券上，用在 P2P 网贷就是投资在不同的平台或者项目上。分散投资引入了对风险和收益对等原则的一个重要改变，分散投资相对于单一的投资，有一个重要的好处就是，可以在不降低收益的同时降低风险。这也就意味着通过分散投资可以改善风险和收益的比例。分散投资包括三个方面：对象分散法、地域分散法、期限分散法。在实际操作上可以根据不同情况采取多种方法，但是一定要坚持降低投资风险的原则。

①分散投资的分类

分散投资包括三个方面：对象分散法、时机分散法、期限分散法。如图 4 - 8 所示。

对象分散法
- 将投资广泛分布在不同的平台或项目上

时机分散法
- 不一次性投资完全部资金，分时间段投资

期限分散法
- 投资不同期限的P2P项目，减少利率变动的影响

图 4 - 8　分散投资的分类

对象分散法：对象分散法就是投资者在投资时，将其投资的资金广泛分布于各种不同种类的 P2P 网贷项目或者平台上。

时机分散法：这是指 P2P 网贷市场瞬息万变，加上政策的逐渐规范，投资者很难准确地把握市场的变化，有时甚至会出现失误。因此可以在投资时机上进行分散投资。不要把资金一次性的投资完，经由几次或者更多频次来完成投资。这样就可避免投资时间过于集中或者把握时间不准而带来风险。

期限分散法：是指因为不同时期 P2P 市场利率的变化方向和变动幅度的不同，从而导致不同期限的证券市场的变动方向和变动幅度也大不一样。实行期限分散法，投资不同时期的 P2P 项目，就可以减少利率变动对自己的投资利率的影响，能有效降低利率风险。

②分散投资的技巧

分散投资对资金的分配比例都很低，对每个平台或者项目的资金占比都差不多，并且都在 10% 以下的比例，典型的就是平均投资到 20 个平台或项目中，每个项目占资金比例的 5%。这种分散投资的特征就是投资平台或者项目很多，一般不会低于 10 个。因此，面对众多的投资对象，投资者就要掌握好一定的技巧。一是虽然对网贷平台或者项目不是很了解，但也要大体地掌握住一些信息。二是有自己分辨平台或者项目的能力，不要盲目投资。否则不但不能分散风险反而还会增加风险。

③分散投资的优缺点

分散投资的优点有两个：一是能达到有效的风险分散，使风险控制在可承受的范围内，即使遭受损失，投资人也还可以承受。二是简单有效、操作方便，没有太过复杂的分析，只需要经过简单的了解既可。

分散投资的缺点有两个：一是容易造成胡乱投资的思想状态。二是容易放松，轻视风险的存在。三是使用不当，反而增加风险。

4.4.3　组合投资法

这是重仓投资和分散投资的结合体，这种投资方法结合了两种方法的优点，同时还能有效地避免两种方法所产生的缺点，不过与此同时也产生了新的问题。

小王是投资界的一名资深人士，从 P2P 网贷进入中国时，他就关注并开始了投资。刚开始时，他也采取了分散投资的方式来降低风险，等到慢慢熟悉之后，就采取了重仓投资的方式，现在则是使用组合投资法，将重仓投资和分散投资结合起来。采取组合投资法可以自由运用资金，灵活度比较高，可以对多个 P2P 项目进行投资的同时还能增加经验和收益。

①组合投资法的技巧

将重仓投资和分散投资结合，这种投资方法对资金的分配比较自由，有时可以侧重重仓投资，有时可以侧重分散投资，有时投资的平台或者项目很多，有时也很少。这种投资方法的特征就是投资平台或者项目的数目不稳定，没有固定的比例。对此，投资者就必须把握组合投资的技巧：一是需要拥有重仓投资者的分析和处理信息的能力。二是需要分散投资者的分析和处理信息的能力。

②组合投资法的优缺点

组合投资法的优点有三个：一是灵活度非常高，投资人可以自由运用。二是适应能力强，可以运用在任何的 P2P 平台或者项目上。三是能通过不断地投资，增加经验。

组合投资法的缺点有三个：一是对投资人的能力要求很高，甚至高于重仓投资者。二是投资者很容易产生困惑，不知道自己使用哪种方法好，重点侧重在哪个投资方法上。三是操作复杂，要求投资人对 P2P 领域有深入的了解，因此投资人需要大量的时间来研究。如图 4 - 9 所示。

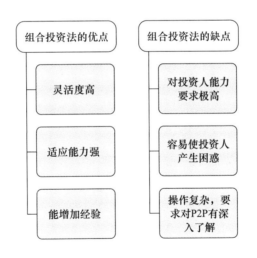

图 4 - 9　组合投资法的优缺点

4.5　选好借款标，才能借到钱

想要通过 P2P 网贷进行融资，就要选好借款标，哪些借款标比较适合自己，哪些借款标不适合自己，都要准确把握，这样才能在最短的时间内拿到最适合自己的融资款。P2P 网贷的借款标通常分为五种，分别是净值标、担保标、信用标、抵押标、秒标。如图 4 - 10 所示。

净值标

- 投资人个人净投资
- 不超过最大净值额度的90%
- 可循环借款

担保标

- P2P平台通过合作，为相应借款标做担保的借款标
- 债权人可要求担保人负债务连带责任

信用标

- 最早的P2P借款类型
- 是平台对借款用户个人信用资质审核后，允许用户发布的借款标

抵押标

- 以一定抵押物作为借款担保物
- 抵押物价值需登记

秒标

- 不是真正的借款标
- 多为吸引关注发布
- 随借随还，收益率高

图 4 - 10　五大借款标的特点

①净值标

净值标是指投资人个人的净投资，作为担保在一定净值额度内发布的借款标。当投资人的净资产大于借款金额，同时借出资金大于借入资金时，P2P 网贷平台就会允许其发布净值借款标来让投资人临时周转。净值借款标通常在标上显示标记"净"。其允许发布的最大金额一般为净值额度的 90%，并可循环借款。净值标比较适合刚刚进入 P2P 网贷平台的新人，先通过净值标来熟悉投资流程，这样可有效降低风险。对于融资人而言，就需要在该平台有一定的信用度。

②担保标

担保标是指 P2P 网贷平台通过合作的担保公司或者合作人，为相应的借款标做担保的借款标，这个担保也可称为连带保证责任。所谓连带保证责任，就是连带保证人对债务人负连带责任。无论主债务人的财产是否能够还清，债权人都有权利要求保证人履行保证义务。如果违背，则 P2P 网贷平台会根据合作协议通过

法律手段进行追偿。融资人选择这种方式进行融资，其前提条件就要找到合适的担保人。

③信用标

信用标是 P2P 网贷平台最早的借款标类型，是 P2P 网贷平台对借款用户的个人信用资质进行审核后，允许用户发布的借款标。这类借款标的审核依据一般是借款人在央行系统中的个人征信报告。不过因为我国的信用体系还有待完善，因此使用信用标的平台越来越少。信用标，在现代的网贷平台中越来越少，而且融资人想通过自己的个人征信报告在 P2P 网贷平台中进行融资，在程序上是一件非常麻烦的事情，很有可能耽误自己的借款需要。

④抵押标

抵押标是指借款人以一定价值的抵押物作为借款的担保物，在 P2P 网贷平台进行抵押后发布借款标。抵押物的价值需要经过专业的评估后并在相关部门办理抵押登记手续才行。如果借款人逾期未归还，P2P 平台将拍卖处理抵押物。拍卖所得的资金将用于偿还约定的借款本金、利息、罚息、违约金以及其他费用。融资人选择抵押标时一定要谨慎，要准确估算还款期到时，自己是否有能力还款。

⑤秒标

其实秒标算不上是真正的借款标，有些专业人士甚至将秒标称为娱乐标。它是指 P2P 平台负责人或者某些借款人为了吸引关注发布的借款项目，随借随还，收益率非常可观。秒标的运作流程为网站平台虚构一笔借款，由投资者竞标并且打款，网站在满标之后马上就会连本带息的还款。

4.6 把握 P2P 网贷收益计算方式，拿最低利息款

通常网贷平台的收益年化都在 10% 以上，一般认为网贷平台的年化收益如果低于 10%，就是低收益平台，年化收益 20% 的平台为中等收益平台，年化收益 30% 左右或是以上的则是高收益平台。那么投资人实际到手的投资收益又该如何计算呢？

①投资人收益构成

投资人的收益主要包括利息与奖励两个部分，利息是固定部分、奖励部分则因平台不同而有所不同。有些平台刚上线或是在做活动时，一般都会增加奖励部分的利息。计算公式如图 4－11 所示。

$$利息 = [1 + （期限/年）×年化收益率] ×本金$$

$$奖励 = 本金×奖励率$$

图 4 - 11　利息、奖励的计算公式

②P2P 网贷 4 种投资收益计算方式

按月付息，到期还本：先算出全部利息收益，然后按月平均返还，项目到期后，再返还给投资人全部本金。假设某个借款标年化收益为 12%，期限是 6 个月，某投资人借出 1 万元，那么其收益如图 4 - 12 所示，这也就是代表借款人每月需付息 100 元，6 个月归还本金 1 万元。

$$（12\% ÷12）×10000 元×6 个月 = 600 元$$

图 4 - 12　按月付息、到期还本利息计算公式

一次性还本还息：这种还款方式较适合短期而且金额较小的借款项目，还款的方式对于投资人和借款人都是一样的。比如说某项目的年化收益为 24%，某投资人出借 2 万元，借款为 6 个月，则投资人收益如图 4 - 13 所示，这也就代表借款人需在 6 个月后一次性归还本金 2 万元以及 2400 元的利息，也就是 22400 元。

$$（24\% ÷12）×20000 元×6 个月 = 2400 元$$

图 4 - 13　一次还本还息利息计算公式

等额本息：它就是将贷款本金的总额与最终获得利息总额相加，即借款人要还的总金额，然后将这总金额按照规定的汇款期限平均到每月还给投资人。如表 4 - 5 所示。

表 4 - 5　等额本息还款示意表

某投资人借出 30000 元，年化投资为 12%，借款期限 6 个月		
还款期限	本金（元）	利息（元）
1 月	5000	300
2 月	5000	300
3 月	5000	300
4 月	5000	300
5 月	5000	300
6 月	5000	300

等额本金：对于投资者而言，这种还款方式的收益比较于等额本息来说更小。简单地说，就是将全部本金按借款期限均分，然后每月返还等份的本金。利息的计算方式则需要在扣除上一个月已还本金的基础上，来计算当月的利息。这种还款方式等额本金下收益人的收益是逐步降低的，但是对于借款人而言，可以减少付出的利息。如表 4-6 所示。

表 4-6　等额本金还款示意表

某投资人借出 30000 元，投资年化 12%，借款期限 6 个月		
还款期数	本金（元）	利息（元）
1 月	5000	300
2 月	5000	250
3 月	5000	200
4 月	5000	150
5 月	5000	100
6 月	5000	50

4.7　是什么阻碍了 P2P 融资

P2P 网贷近几年的发展一直有所受阻，那么是什么导致的呢？融资成本太高是一个问题，隐性收费过多更是阻碍 P2P 融资方式的最大一个问题。

4.7.1　P2P 融资成本太高

互联网金融能降低交易成本，从而降低融资成本，实现"普惠"，这是不少互联网金融圈内人士所宣扬的。但是调查发现，有些 P2P 借款人成本甚至超过小贷公司和民间融资的利率。年化超过 30% 融资成本可能会让不少人咋舌，但是这样高的利率却存在于不少大的 P2P 平台之中。目前看来，P2P 的确在一定程度上解决了融资难问题，但似乎没有解决融资成本高的问题。那么融资人如何才能找到低利率的融资平台呢？

以宜信旗下的宜人贷为例，宜人贷个人借款额度的上限是 50 万元。从宜人贷方面获得的数据材料显示，宜人贷对于不同的借款期限，设置了不同的借款利率。例如 12 个月的期限，年利率为 10%，18 个月为 10.5%，24 个月为 11%，以此类推。

但是如果仅是作为借款人的成本，其实并不算很高。但是，这只是平台给投资人的收益率，对于借款人来说，他们除了利率之外，还要承担平台费。宜人贷规定，借款成功后，借款人在每月还款时需另外支付借款金额的 0.220% ~ 0.235% 作为平台费，而且根据借款期限的不同，所需缴纳的平台费也不同。

如果借款人在平台借一年期 50 万元，平台给投资人 10% 的利率，每月平台收取借款金额的 0.33% 为平台费，则借款人每月的平台费就需要 1650 元。平台采用每月等额本息还款，本息再加上平台费，那么借款人每月就需要还款 4.5 万元左右。按照等额本息的计算方式，借款人的综合成本为年化 17%，远远高于 10%。

①实际利率水平高于小贷

根据网贷之家主编的《2013 年中国网络借贷行业蓝皮书》统计，90 家网贷平台 2013 年的收益率为 19.67%，平台出借人的收益率分布主要集中在 15% ~ 20% 之间，还有大量的平台出借人收益率为 20% 以上，不少平台借款人的实际资金成本年化利率在 24% 以上，甚至还有很多借款人的年化融资利率超过 30%。30% 的利率早已超过了线下的小贷公司和民间借贷的平均融资成本。

事实上不仅是 P2P 融资成本高过小贷公司，就是一向以大数据标榜的阿里小贷的利率实际上也并不低。阿里小贷采用按日计息的利息结算方式，其中，天猫、淘宝订单的贷款最高额度为 100 万元，贷款期限为 30 日，日利率为 0.05%，折合年化利率超过 18%。淘宝、天猫的信用贷款最高额度是 100 万元，贷款周期为 6 个月，日利率是 0.06%，折合年化利率接近 22%。

②取消担保费或趋势

按上文所述，P2P 其实并没有为融资人降低多少融资成本，而对于当前 P2P 市场融资高的现象，各方都有不同的声音。

网贷之家首席运营官石鹏峰对此表示："因为银行等传统金融机构过于封闭，导致大量的中小微企业或者个人的融资需求没有被满足，没有充分市场化，因此才使得借款人接受高额融资成本。"当前的 P2P 对于借款人而言融资成本极高，但对于投资者而言收益率又较低，这是不合理的，也是阻碍 P2P 网贷发展的最终原因。虽然互联网的加入使得 P2P 市场的利率趋于合理。但是借款端的融资成本应该下降，理财端应上升。否则 P2P 市场很难向前发展。

高额的平台费和担保费是提高借款人融资成本的最大原因，也是使得优质借款人减少的最根本因素。如果随着平台的发展，逐步取消平台费或者担保费，把借款人的成本降下来，平台就能获取更多的优质借款人，从而能得到更好的发展。

4.7.2　隐性收费过多

根据网贷之家数据显示，2015 年 5 月，我国新上线的 P2P 平台达 186 家，创单月新增平台数量的历史新高。成交量更是再次刷新纪录，单月整体成交量达到 609.62 亿元，比 4 月环比上升了 10.55%。截至 2015 年 12 月，我国的 P2P 平台累计数量达到了 3858 家，历史成交量达到了 13652.2.1 亿元。

不过，P2P 网贷行业高速发展的背后有些问题依然存在，如果能解决这些问题，P2P 网贷行业肯定能发展得更好。除了行业平台跑路、倒闭和提现困难等事件时有发生，有些平台还以各种名义进行隐性收费、转嫁风险等。这些平台一般都不会告知这些信息，因此，投资者和融资者很容易掉入这些陷阱中。

如红岭创投收 VIP 会员费、投资服务费、提现费、债权转让费四大费用。其中 VIP 会员费为 180 元；投资服务费视用户积分不同收取 0~10% 不等比例的费用，小于或等于 5 万元的提现，按每笔 5 元收费。大于 5 万元的提现，红岭创投的系统将自动按 5 万元拆分成多笔计算收费。此外，充值的资金如果没经过投资提现，红岭创投仍然会收取费用。债权持有 90 天以内，转让费率为 1%，超过 90 天，转让费率则为 0.5%。

普遍而言，P2P 平台收费的主要项目有认证费、充值费、VIP 费、利息管理费、提现费、债权转让费等。每个平台都有其费用构成，这些费用不但计算起来麻烦，对于投资者和融资者来说，更是一种不小的负担。

除了以上的红岭创投，其他大型平台的收费项目也不少。拍拍贷则包括了充值费、提现费和 VIP 费等收费项目。其中，充值费即时到账收取 1% 的费率，充值金额大于或等于 1000 元，每笔收取 10 元；提现费视金额和到账时间不同收取每笔 6~20 元不等；VIP 费用在优惠期为 60%／半年。

Chapter 5　虚拟货币

——比尔·盖茨都说"值"

比尔·盖茨都说虚拟货币很盛行。不相信？比尔·盖茨在接受彭博社"街头智慧"节目采访时，对虚拟货币发表了自己的看法，他认为虚拟货币是令人兴奋的，因为它能够提供一个成本相对较低的交易网络。那么，虚拟货币到底是什么？它到底有什么样的魅力，让世界首富都认可它呢？

5.1　渗透到世界各个角落的神奇货币

现在，我们几乎总是能从投资人的口中，从各大新闻网站听到、看到虚拟货币。那么到底什么是虚拟货币呢？它又有怎样的魔力，让全世界都为之疯狂呢？

5.1.1　虚拟货币是什么

虚拟货币是指非真实的货币。知名的虚拟货币如百度公司的百度币，腾讯公司的Q币、Q点，盛大公司的点券，新浪的微币，天地银行荣誉出品的冥币、侠义元宝、纹银。不过这些虚拟货币影响的范围都很有限，真正让虚拟货币大爆发的就是2013年出现的比特币，除此之外还有莱特币、无限币、夸克币、隐形金条等。目前全世界发行了上百种虚拟货币。同时，随着互联网的发展，货币存在的形式将更加虚拟化。对于货币有两种定义：一个是基于实体的定义；另一个则是基于虚拟的定义。如图5-1所示。

> 基于实体的货币
>
> · 以纸币、金属货物为符号
>
> 基于虚拟的货币
>
> · 在互联网上生长的
> · 更具流通性

图5-1　货币的两种定义

凡是用纸制作的货币就叫作纸质货币，当代世界各国实际上使用的都是纸质货币。在马克思时代，纸币是金属货币的符号，纸质的实际含金量就等于名义含金量，但是当名义含金量大于实际含金量时，金属货币物价指数就会因纸币过多而提高，当超过限度时，就会产生通货膨胀现象。马克思将这些没有黄金作为保证的超发银行券称为虚拟货币。凯恩斯也曾说，纸币就是 GDP 的符号，他定义因弥补财政赤字而导致的纸质货币增发为赤字货币，并认为其可在一定程度上促进国家的生产和发展，同时还会造成半通货膨胀。张春嘉在《虚拟货币概论》中的研究也证明，没有贵金属又没有 GDP 作为保证的纸质货币的过度投放会引起物价上涨，而这种货币就被称为虚拟货币。

虚拟货币是互联网社会经济发展到一定阶段后出现的一种新型货币，它是为了满足用户在互联网上使用货币的安全性和便利而出现的，它代表了未来货币存在形式的发展方向。它是在互联网的基础上而产生的，在互联网社会中完全或者部分的充当一般等价物。在互联网社交经济中，虚拟货币是实实在在的货币，具有货币的基础属性。不过它是虚拟的，需要依赖于网络的虚拟环境。虚拟货币没有国界性，相比于传统货币在国际上更具流动性。当互联网世界与现实世界相对应，虚拟货币与传统货币的兑换发生关系时，在一定条件下，虚拟货币也可以购买实物商品。

5.1.2　虚拟货币的种类

虚拟货币大体可分为三类，分别为游戏类、门户网站或通信服务商发行的专用货币以及互联网上的虚拟货币。在我国虚拟货币发展已进入了一定的阶段，许多已发行的货币在我国虚拟货币市场上都有了一定的影响。

①网络虚拟货币的种类

游戏币：在单机游戏时代，游戏主角靠打倒敌人、做任务闯关等方式积累货币，用这些购买草药和装备，不过只能在自己的游戏里使用。那时，玩家之间没有市场。不过，自从互联网建立起门户和社区、实现游戏联网后，虚拟货币便有了"金融市场"，玩家之间可以交易游戏币。

专用货币：这种虚拟货币是由门户网站或者即时通信工具服务商发行的，专门用于购买本网站内的服务。如腾讯的 Q 币，就可以用来购买会员资格、QQ 秀等增值服务。

虚拟货币：这是专指互联网上的虚拟货币，如福源币、比特币、莱特币等。2013 年，比特币可以说是风靡全世界。比特币是一种由开源的 P2P 软件产生的电子货币，也有人将比特币称为"比特金"，是一种网络虚拟货币。主要用于互联网金融投资，也可以作为新式的货币直接在生活中使用。

②我国具有一定规模的门户网站虚拟货币

我国最早推出的网络虚拟货币是腾讯公司的 Q 币，Q 币的初始目的只是为了方便腾讯用户方便快捷地购买增值服务。腾讯 Q 币推出后取得了巨大的成功，因此引来了更多的网络游戏运营商和门户网站竞相效仿，各自推出了不同的虚拟货币。如今，在互联网增值服务、电子商务以及网络游戏的带动报告之下，市场上存在的"虚拟货币"数不胜数，具备一定市场规模。如表 5－1、表 5－2 所示。

表 5－1　我国门户网站发行的具有一定规模的虚拟货币

币种	发行公司	使用业务和服务	购买价格	购买服务
Q 币	腾讯	QQ 会员、QQ 秀、QQ 游戏、QQ 宠物、QQ 交友包月、资料下载等	1Q 币＝1 元	财付通、网上支付、电话银行、QQ 钱包、微信支付
U 币	新浪	新浪邮箱续费、星座产品、网游点卡购买、单机游戏下载、纸贺卡、新浪 UC 聊天室、新浪会员	1U 币＝1 元	固定电话、手机、网上支付
百度币	百度	百度传情、影视、缴电话费	1 百度币＝1 元	银行卡、块钱支付、百度钱包
POPO 币	网易	购买道具、免费短信、POPO游戏、下载 POPO 表情	无	使用 POPO、我行我泡上传图片
MM 币	猫扑	道具购买、社区管理	1MM＝0.2 元	固定电话、网上支付、微信支付、支付宝
卡拉	云网	网络彩票、社区	1 卡拉＝1 元	网上支付、邮局汇款、银行转账、微信支付、支付宝
狐币	搜狐	搜狐付费增值产品及服务	1 狐币＝1 元	宽带账号、网上支付、银行转账、微信支付、支付宝
豆元	豆丁	文档下载	1 豆元＝1 元	固定电话、网上支付、微信支付、支付宝

表5－2　我国市场上几种热门数字货币

种类	比特币	元宝币	莱特币	福源币	狗狗币
概念	由中本聪在2009年提出，也用于指称根据中本聪的思路设计发布的开源软件以及建构其上的P2P网络	类似于比特币的虚拟数字货币，号称中国版的比特币，创始人为清华大学毕业生，北京云联科技有限公司创始人兼CEO邓迪	与比特币类似，莱特币也是一种加密数字货币。它是一种P2P的开源数字货币，属于比特币的一个分支衍生货币。坊间素有"比特金，莱特银"的说法	原名Fortune Coin，简称FTC，是一种新型去中心化数字加密虚拟货币	是一种基于Scrypt算法的小额数字货币，是目前国际上用户数仅次于比特币的第二大虚拟货币，狗狗币以"神烦犬Doge"为设计原型，拥有自己的核心文化，即小费文化、慈善文化和草根文化
作用	可以兑换成大多数国家的货币。使用者可以用比特币购买一些虚拟物品，也可以使用比特币购买现实生活当中的物品	适合中国人使用的电子货币，富有中国特色	不要求极高的计算能力，使用普通电脑也可进行挖掘。它可以帮助用户即时付款给世界上任何一个人	未来将应用在全球珠宝协会所有企业当中，主要是通过这种数字货币转化为积分，打造一个去中心化的商圈，来促进商业合作，扩大业务范围的模式	狗狗币的总量更多，价格低廉，转账迅速，适合网络打赏

5.1.3　虚拟货币产生和存在的原因

网络虚拟货币本质上不是货币。它之所以能引起社会各方的广泛关注，是因为它也被称为"货币"。从理论上来说，使用现金直接消费是最安全、方便的，而使用虚拟货币增加了交易步骤。既然如此，为什么虚拟货币的市场仍旧长盛不衰，并有愈演愈烈的趋势呢？它又是因何而生，因何而在呢？

①产品特性与网络特性

很多互联网公司提供的网络虚拟产品和服务的价格都不高，至多也就是几元至十几元钱，而且互联网公司提供的产品和服务依托于互联网这个载体，产品的提供者和购买者都是在线上交易，很难像传统商品那样"一手交钱，一手交货"。如果每次交易都通过银行卡转账或是第三方支付，一旦交易量过大就会对互联网公司的服务器产生巨大的压力，而多频次的银行卡支付或是第三方支付也会给用户带来诸多不便，加上多次交易操作的手续费，会使得购买成本上升。

②我国的小额支付体系不发达

我国以支付宝和微信支付为代表的小额支付也是在 2011 年之后才逐渐流行起来的。但在 2011 年之前，多数的网上支付都是由银行卡转账。即使是现在，中国的电子金融支付体系的发展也远落后于互联网的发展速度。网络银行的支付体现并没有完全建立，还存在着各种各样的支付风险。提供虚拟货币，让用户先把部分人民币兑换成虚拟币，再将虚拟币存入账户中，消费的时候扣除相应的虚拟币。这样的交易模式使得商品交易和支付内化在虚拟币企业中进行，大大减少了转账的负担，也减少了用户和企业多次与银行打交道，用户也可更加方便快捷地管理自己的网络虚拟货币和账户。

③锁定效应

虚拟货币对于虚拟发行公司大有好处，发行虚拟货币可以帮助虚拟货币发行者锁定用户，提高用户的忠诚度，扩大自己的市场份额。例如腾讯公司提供的 Q 币是中国最早的网络虚拟货币，也是现在流行度和普及度最高的虚拟货币。腾信公司利用 Q 币将腾讯 QQ 的用户、腾讯游戏的用户锁得更牢。

④虚拟货币的流通性和投资性

根据统计，我国每年的虚拟货币规模达到了几十亿元，并且以每年 15% ~ 20% 的速度增长。这是一个非常可观的增长速度，而随着我国互联网金融市场的逐步成熟，虚拟货币的市场规模也将更加庞大，流通性和投资性也会随着越来越好。

我国有不少虚拟货币不仅可以代替人民币支付网上的一些收费服务项目，有些还可以支付手机话费、购买实物商品，甚至有些虚拟货币可以在一些交易平台上兑换人民币。正是因为虚拟货币在互联网中的流通性和可兑换性，越来越多的人把目光聚焦在虚拟货币的投资理财领域上。

5.2 虚拟货币 VS 法定货币

不管是从发行和流通机制，还是法律地位，网络虚拟货币与法定货币都有着本质上的不同。网络虚拟货币无法取代法定货币，也不是法定货币的电子表现形式。虚拟货币与法定货币有七大区别。如图 5 - 2 所示。

①发行主体不同

法定货币一般是由国家中央银行发行；网络货币由网络企业发行。如腾讯发行的 Q 币，百度发行的百度币，搜狐发行的狐币等。

图 5－2　虚拟货币与法定货币的七大区别

②发行目的不同

法定货币的发行目的是为了让人们购买商品，是要服从宏观调控的；虚拟货币的发行目的只是为了方便用户购买网络虚拟产品和服务。

③获取方式不同

法定货币是人们通过劳动获取而来；虚拟货币是用户向发行公司购买。

④法律关系不同

法定货币与人们在法律上的关系是所有权和物权；网络虚拟货币与人们的法律关系是债权。

⑤交换机制不同

法定货币是货币、商品的双向交易；网络虚拟货币是用法定货币以一定比例兑现，发行者与持有者间单向流通。

⑥发行限制不同

法定货币一般仅由中央银行发行，发行数量取决于基础货币量和货币乘数；网络虚拟货币是由网络企业发行，发行数量以及方式不受限制，全由发行企业自己掌控。

⑦使用风险不同

法定货币有国家信誉担保，国家有设立风险准备金，因此风险极低，如果没有特殊情况一般没有风险；网络虚拟货币只是发行者个体信用担保，多数发行公司并未设立风险准备金，发行公司一旦遭遇破产，用户风险极大。

5.3　虚拟货币的特性

每样事物能受到人们的认可、受到市场的欢迎都是因为有其独特的性质。虚拟货币也不例外。现在我们就来看看，虚拟货币都有哪些特性。如图 5 - 3 所示。

①价值性

用户消费互联网企业提供的产品和服务而获得效用价值，虚拟货币通过提供交换功能来满足用户而让自身产生价值，虚拟货币的数量可以衡量一般商品的价值量。从本质上来说，虚拟货币的发行也是信用发行，是持有者对发行者的债权。因此，在一定范围内，虚拟货币的债权性具有的价值就是索取权。

②虚拟环境依赖性

虚拟货币的存在前提是发行商提供的虚拟经济环境以及发行商自身的持续经营，一旦发行商不提供虚拟经济环境，或是发行商破产，那么虚拟货币就没有任何意义。例如一个游戏公司发行了一种游戏币用于购买游戏中的各种道具和功能，一旦这个游戏公司无法持续经营或是将游戏下线，那么游戏玩家持有的游戏币就不具备任何的价值。

③近似货币性

货币价值形式作为商品交换过程中的最高价值形式可以被认可为真正意义上的货币。但是目前，虚拟货币的流通范围还很有限，因此尚不能完全充当所有商品的一般等价物。只有在一定范围内，具备了货币的价值尺度、流通手段等职能。所以虚拟货币目前只是近似货币价值形式，尚属货币的初级形态。

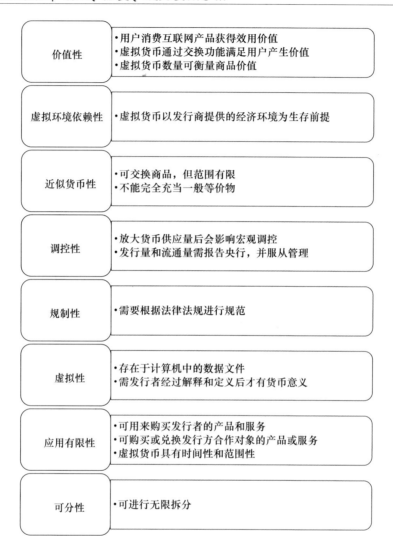

图 5 - 3　虚拟货币的特性

④调控性

虚拟货币的发行和流通的范围虽然有限，但也会因为货币乘数效应，放大货币供应量，影响宏观经济调控的难度和准确度。因此虚拟货币的发行者需要将其发行量与流通量报告中央银行，并随时服从央行的管理。

⑤规制性

货币是由央行发行的，也是由央行通过货币政策进行宏观调控。而虚拟货币，因为是由金融体系之外的非金融主体发行。其发行是一种市场行为，其发行的目的是为了获得商机和建立竞争优势，因此肯定会导致发行者之间的竞争。这种竞争很可能产生负面效应，所以这就决定了需要规制主体根据法律法规来对市场主体的市场行为进行规范管理。

⑥虚拟性

虚拟货币是作为一种近似货币的形式存在的，存在于虚拟世界并购买虚拟产品和服务时，则表现为虚拟存在。但是一旦与主权货币挂钩，就可在现实世界存在并购买实体资产，而这就可表现为主权货币的虚拟物。虚拟货币实际上就是存在于计算机系统中的一段数据文件，在发行者对其经过解释和定义后才有了意义。所以，虚拟货币的存在形式具有虚拟性。

⑦应用有限性

虚拟货币在通常的情况下，可以用来购买发行者提供的产品和服务，也可以与发行范围以外的发行者合作对象，按一定比例兑换从而可以购买发行者合作对象的产品或服务。对于发行者和发行者合作对象以外的对象，虚拟货币不存在任何价值意义。这也就表明，当虚拟货币仅是被授权在不同销售周期购买不同产品时，虚拟货币的应用价值就是具有时间性和范围性的。

⑧可分性

虚拟货币是一种数字化的储存信息，不具有实物形态。因此，它就可以不用考虑传统货币要考虑的主币与辅币的发行量以及各种币值的平衡关系，它可以进行无线拆分。比如比特币，它的总量仅有 2300 个，但是每个可以拆分到十的八次方位。

5.4 玩转虚拟货币，巧赚钱

虚拟货币之所以称为虚拟，就是因为它是互联网金融的产品。而互联网金融所有的产品中，就属虚拟货币最不稳定。因此，如果想要在虚拟货币领域赚到钱，那么就必须掌握一定的技巧。

5.4.1 不盲目，保本为王

虚拟货币刚在中国出现的时候，很多投资人因对其陌生，所以即使看到其利润丰厚，也相对谨慎。没有因为高额利润的诱惑而变得盲目，投资时都讲究"保本为王"。但当虚拟货币在中国大火之后，投资人渐渐失去了刚开始时的心态，在虚拟货币尚处于不稳定状态时就盲目投资。大手笔的投资，疯狂的买进，"保本为王"四个字早就被抛到脑后。

例如在 2014 年，很多投资者因为被一种名为"世界通用元"的虚拟货币高额利润的诱惑，拿出数万元甚至数十万元来投资。推出这种虚拟货币的阿尔达亚公司宣称该货币可以兑换成美元、人民币、港币等各种货币，可以全球通用的同时还可以增值。但是在 2015 年，世界通用元的身价暴跌，最初每个世通元的价值可以达到 2.66 元，截至 2015 年 6 月就只能折合成 0.024 元。一名投资者最初看到世通元的高额利润，盲目投资，一下子就投资进 26 万元，最后缩水至 1221 元。

①不盲目投资，先了解虚拟货币情况

想要做到不盲目投资，让自己投资的虚拟货币得到最大程度的保障，就要先了解该虚拟货币的各种情况。比如发行该虚拟货币公司的情况，是新公司还是老公司，实力如何，该公司是否涉及过相关的业务，业务的结果如何。又比如该虚拟货币近期波动的幅度大不大，如果波动太大，忽上忽下的就最好不要投资。

②新虚拟货币小额投资，保本为主

对于新出现的虚拟货币，投资者即使对其进行了充分地了解，在投资时也要谨慎再谨慎。因为是新事物，即使开局很美好，但没人知道后面是怎么发展的。因此，在投资时最好是小额投资，先试试水，看看效果，保本为主。

5.4.2 投资虚拟货币，平台选择是关键

随着虚拟货币生态圈的繁荣，虚拟货币的用户逐步增多，交易量也随之增多。现在在全球已经有很多平台可以购买虚拟货币，但是中国的外汇管制，利用国外平台买入虚拟货币的手续比较麻烦，而国内的虚拟货币交易平台乱象丛生，风险极大，投资者很容易因为平台选择错误而遭受巨大损失。可以说，投资虚拟货币，平台的选择是非常关键的。

福源币交易平台就是个相对比较安全的虚拟货币交易平台。该平台首先采用了 Goodle Authenticato 双重认证，实时动态口令有效保障客户资金安全，同时福元币钱包多层加密，离线存储，保障资产安全。其次，该网站的运行非常稳定，已经营多年，相应的速度也足够快。再次，网站的交易量也足够多。截至 2016 年 2 月 26 日 14 时 38 分，该平台日成交量达到了 5459101.06 元。最后，该网站的专业性也是显而易见的。

安全靠谱的平台需具备以下几点。

①是否有 HTTPS 证书

投资者要先检查平台网是否有 HTTPS 证书，即 URL 栏的绿色标识。安全证书是一个金融交易性平台必须具备的资质，一个没有 HTTPS 证书的网站是没有任何安全性可言的。没有这个证书，投资人的相关资料随时都可能会被第三方截

获，除了造成经济损失，也可能会被用于犯罪活动。HTTPS 提供了身份验证以及加密通信的方法，它被用于互联网上秘密通信内容，在金融交易领域运用得最为广泛。

②网站的运行是否足够稳定

网站运行的稳定性也是投资人需要特别注意的。有的虚拟交易平台经常会遭到黑客的攻击，丢失投资人资料给投资人造成巨大损失这种事更是屡见不鲜。因此，一个成熟稳定的交易平台必须能够保证运行的稳定，必须对投资人负责。

③网站的响应速度是否够快

在中国，多数的虚拟平台都是建立在国外的服务器上，那么网站响应速度的快慢也是投资人需要考虑的关键问题。投资人可以使用站长工具来检测交易平台的响应速度。如果 PING 值太高则会影响到投资人的体验，过大的交易延迟甚至会让投资人错失交易时机。

④网站的交易量是否足够多

交易平台每天的交易量直接显示了这个平台的人气，充足的交易量可以保证投资人可以及时地完成交易，最好不要使用每天交易量少于 300BTC 的交易平台。

⑤从行情表来考察网站的专业性

交易行情表是交易平台很重要的部分，投资人可以通过测试交易行情表的功能来了解平台的专业性。一个平台的专业性必须具备四个特征：第一，没有或者很少出现交易延迟，投资人可以及时得到交易行情的反馈。第二，完整的分时功能，行情表必须要能看到从一分钟到一个月的完整行情，同时必须确保分钟线、小时线、日线功能必须能够使用。第三，行情图表的样式必须要注意投资人的体验，要让投资人看得懂，看得舒服。第四，从充值的手续费来判断，手续费问题对于投资人是非常重要的，特别是那些专业的虚拟币玩家，他们对于手续费异常敏感，因为这直接涉及他们的投资利益。一个专业的交易网站的综合交易费用为：转账费用 + 交易费用 + 体现费用 < 0.5%。

5.4.3　关注最近行情，利用价格波动来投资

我们不管做什么生意，做什么投资都要时刻关注市场行情，根据市场行情的好坏来决定是否投资。投资虚拟货币更要时刻紧盯市场，在紧盯市场的同时，利用虚拟货币的价格波动来进行投资。这一点和我们买基金，买股票是相同的道理。

很多投资人在虚拟货币这个投资领域铩羽而归，其实有很大一部分原因就是因为没有把握住投资技巧这一点，而那些在虚拟货币大获成功的投资人，可以想

见，绝对是把这一点把握得非常好。例如专业投资人小李投资虚拟货币已经很多年，相比于其他屡次在虚拟货币投资失败的人说，他收获颇丰。小李投资虚拟货币，没有别的秘诀，始终就秉持着一句话："关注最新行情，利用价格波动来投资。"他每天都会花一定的时间来了解虚拟货币的最新行情，看看价格波动的情况，然后再利用价格波动频繁地买入卖出。虚拟货币的投资就和股票一样，要花大量的时间和精力，认真研究才能有好的回报。

虚拟货币有以下两点投资技巧。

①关注虚拟货币的最新行情

关注虚拟货币的最近行情，虚拟货币的价格波动很大，甚至超过了股票的波动。每一分每一秒，价格都会不同，若要掌握市场行情趋势，首先就要多多关注，特别是在价格波动较快、幅度较大的时候，一定要时刻盯着电脑研究。

②根据网站响应以及价格波动频度买入卖出

不要小看网站的响应速度，在虚拟货币的世界里，网站的响应速度的快慢，与价格波动的高低有着极大的联系。同等网速条件下，如果网站响应的速度突然慢了下来，如果不是上网高峰，那么就有可能是网站访问的客户比较多，此时价格幅度必然大。因此，投资人要立刻判定合适的价格区间，最高上限，最低下限，这些都要马上做出决定。如果网站的响应速度迅速，那么通常表明，没有太多的投资人在同时操作，此时虚拟货币的价格的浮动就比较低，行情就较为稳定。

5.4.4 小额试水，分散投资

虚拟货币虽然利润不小，但毕竟是新生事物，不只是中国，每个国家对于虚拟货币的定位都还不太明确，法律也不是特别完善，因此具有极大的风险。同时，随着虚拟货币的大热，各大企业都在推出虚拟货币，每种虚拟货币都有不同的利润，不同的风险。因此，投资者想要减小风险的同时，还能得到大笔利益，可使用"小额试水，分散投资"的方法。

投资人小王在虚拟货币领域可以说是小有成功，而他成功的法则就是"小额试水，分散投资"。他在虚拟货币刚刚在中国出现时，就开始投资了。不同于大多数投资失败者，小王在虚拟货币大赚了一笔。他不像其他的投资人看到虚拟货币的高额利益就变得盲目，投入大笔资金。而是先买少量的虚拟货币试试水，看看效果如何，等到确定没有多大风险时，才投入大笔资金。除了小额试水之外，小王还采取了"分散投资"的办法，他把炒股的技巧应用到了虚拟货币的投资上。他并没有把资金都投到一个币种上，而是分散投资，每个币种都投一点，自己有把握的就多投点。分散投资的方法，把风险降到了最低。

①小额试水，有把握再大笔投资

从小王的例子我们也可以看到，当我们面对一个不熟悉的事物——虚拟货币时，既被它的高额利润所吸引，又担心风险，就可以采取小额试水的方法。先买一点，等待一段时间，看该虚拟货币的市场行情怎么样，公司运营如何，价格波动大不大，人气高不高，在确定了这些情况之后，如果情况良好，就可以进行大笔投资。这样可以有效降低新生事物所带来的风险。

②分散投资，不把鸡蛋放在一个篮子里

分散投资可以实现风险的相互抵消，把一笔资金分成若干份投到若干个币种。这样即使一种虚拟货币投资失败，也可以拿其他的虚拟货币的利润补上，同时也可以避免全军覆没的情况。这就是我们俗话说的："不把鸡蛋放在一个篮子里。"

5.5　虚拟别太虚，小心风险

虚拟货币作为互联网的产物，随着互联网金融的发展，扮演的角色越来越重要。而且，与现实世界的交汇越来越多。然而，在虚拟货币快速发展的同时，相关法规却相对滞后，原本存在的风险也并未得到有效解决，给投资者造成了不小的损失的同时，也在一定程度上阻碍了虚拟货币的发展。

①虚拟货币的风险

第一，信用风险。新型虚拟货币基于"算法"和圈内人互相的信用，如果得不到市场的认可，本身就不具备什么价值，甚至还会被市场淘汰。而法定货币以国家信用和国家综合实力，特别是黄金储备为基础和后盾。因此，不管政府的债务危机有多沉重，仍能被市场所接受。

传统的虚拟货币虽然没有国家信誉作为支持，但都有作为发行机构的企业进行信用担保。但是，现在出现的很多新型虚拟货币，既无国家信用做支持，又没有企业信用做担保，虽然具有支付功能和信用功能，但是一旦出现偿付危机，就可能一文不值。

第二，违法风险。主要包括洗钱风险以及被其他违法犯罪行为所利用的风险。因为新型虚拟货币交易的匿名性、去中心化和不受地域限制的特点，导致资金流向难以监测，很容易被不法分子利用。

第三，安全风险。新型虚拟货币的设计理念是企图超越银行的限制，但技术上却缺乏安全保障。匿名性和去中心化的特点，使得其一旦发生失窃，就几乎没有挽回的可能。当其价值达到一定的高度时，又不可避免地成为某些黑客的攻击目标。在过去的时间里，比特币各大交易平台就曾先后遭到黑客的攻击，造成用户损失的情况。

第四，投机风险。因为新型虚拟货币可以兑换成一些国家的法币，持有者可以在一些在线商店和实体商店使用新型虚拟货币。所以，经常有一些机构或个人借机炒作新型虚拟货币以及相关产品，从而导致投机风险。同时，由于新型虚拟货币的相关交易市场仍处于自发状态，交易连续开放，不限制涨跌幅，货币的价格很容易被投机分子所控制，市场价格产生剧烈波动。在这种情况下，投资者的合法权益难以得到有效的保障。如图5-4所示。

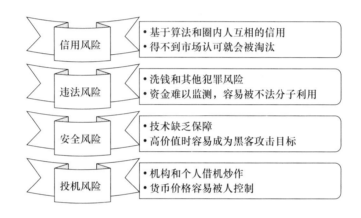

信用风险
• 基于算法和圈内人互相的信用
• 得不到市场认可就会被淘汰

违法风险
• 洗钱和其他犯罪风险
• 资金难以监测，容易被不法分子利用

安全风险
• 技术缺乏保障
• 高价值时容易成为黑客攻击目标

投机风险
• 机构和个人借机炒作
• 货币价格容易被人控制

图5-4 虚拟货币的风险

②新型虚拟货币的风险防范方法

第一，加快法律界定。针对比特币等新型虚拟货币的管理和防范，必须有法律属性为依托。因此，我国就必须尽快出台有关新型虚拟货币的法律法规，加快对虚拟货币的法律界定。

目前，只有美国和德国将比特币等新型虚拟货币作为金融工具。实际上，新型虚拟货币虽然也被称为货币，具备一定的支付功能，但因为没有集中的发行方、总量不固定等特点，并且不具有法律性与强制性等货币属性，所以并不是真正意义上的货币。目前在法律上只是被定义为一种特殊的虚拟商品。这样的定义更容易与我国当前的法律体系相衔接，并在这个基点上构建新型虚拟货币交易的特殊法律法规体系。

第二，强化监管。目前在国内，Q币等传统虚拟货币已经被纳入了第三方监管体系，但这种监管对于比特币等新型虚拟货币的监管尚不能完全适用。因此，还需要强化对新型虚拟货币的监管。强化监管可以从两方面入手：一方面，在界定新型虚拟货币作为一种特殊虚拟商品的基础上，明确其监管机构，完善新型虚拟货币监管配套措施；另一方面，规范新型虚拟货币交易平台的设立、结构和运行，将其定义为一种特殊交易机构。利用消费者保护基金等强制性要求在交易平台内引入担保机制，避免大规模的资产侵害案件的发生。

第三，建立自律机制。新型虚拟货币如果要得到健康发展，不仅需要政府的监管，更需要构建其内部的自律机制。其核心是需要新型虚拟货币的管理者和交易者能开发出交易信息集中的分析系统，能够监测大额不合规的交易。一旦这种自律机制构建成功，就能够大大增加新型虚拟货币管理者和交易者的合法性以及信赖度，同时也能够有效避免不法分子利用虚拟交易平台进行洗钱以及其他违法犯罪行为。

第四，加强对公众货币知识的普及教育。通过金融知识的普及以及各种金融活动，向大众传播正确的货币知识，让大众理性看待虚拟商品和新型虚拟货币，同时掌握合理防范投资风险的技巧，引导公众正确认识新型虚拟货币作为特殊虚拟商品的本质与法定货币的差异，从而让大众做到理性投资，防范风险。

Chapter 6　互联网保险

——到底保不保险？

在中国，很多人对于保险都抱有偏见。既然传统保险的发展都有不少困难，那么互联网保险新生事物又如何呢？它未来的发展到底会怎样，而互联网保险，又到底保不保险呢？

6.1　互联网保险，一种新的保险方式

互联网保险，它是新兴的一种以互联网为媒介的保险营销模式，与传统的保险代理人营销模式大不相同。

6.1.1　互联网保险的定义

互联网保险是指实现保险信息咨询、保险计划书设计、投保、缴费、核保、承保、保单信息查询、保全变更、续费缴费、理赔和给付等保险全过程的网络化，简单地说，就是以互联网和电子商务技术为工具来支持保险销售的经营管理活动的经济活动，是传统保险的互联网化。

①互联网保险的起源

2000 年 8 月，太平洋保险和平安保险两家中国知名保险公司几乎同时开通了自己的全国性网站。太平洋保险的网站成为我国保险业界第一个贯通全国、连接全球的保险网络系统。平安保险的网站以网上开展保险、证券、银行、个人理财等业务被称为"品种齐全的金融超市"。

2000 年 9 月，泰康人寿保险公司也加入了战局，在北京的发布会上宣布：泰康在线正式开通，用户可以在网站上实现保单设计、投保、核保、缴费等后续服务全过程。自此之后，由网络公司、代理人和从业人员建立的保险网站如雨后春笋般汹涌而出。

②互联网保险的分类

随着互联网保险的发展，互联网保险出现市场细分，如专门销售个人人寿保

险网站等。有些保险网站还获得了风险投资，这些保险网站得到了资金支持，取得了更大更快的发展。

保险专业销售网站：包括以新一站、慧择网等为代表的类似于淘宝的O2O网销平台，购买流程简单快捷。

资产驱动型保险：如国华人寿"双11"主打的"华瑞2号"等结算利率高达70%的万能险，依靠网销的低手续费利率来提供更有竞争力的理财型保险。

众筹类保险：如泰康人寿在微信推出的"微关爱"一年期防癌险，该保险项目的推出为泰康人寿取得了巨大的广告效应。

6.1.2 互联网保险的优势

互联网保险在这几年得到了快速发展，特别是互联网金融时代的到来，为互联网保险注入了无限的活力和激情。除此之外，互联网保险本身具有的优势，也是其得到高速发展的重要因素之一。

①能自主选择产品

相比于传统保险的推销方式，互联网保险可以让用户自主选择产品。用户可以在线比较多家保险公司的产品，而且价格透明，保障权益也更加清晰明了，这种方式可以让传统保险销售的退保率大大降低。

②服务方便快捷

互联网用户投保变得更加简单，信息的流通也更加快速。

③保险公司获益更多

保险公司能从互联网保险中得到大笔的利润，甚至比传统保险模式中获得更多。通过网络可以推进传统保险业的快速发展，使保险种类的选择、保险计划的设计、保险产品的销售等方面的费用减少，有利于提高保险公司的经营效益。根据有关数据统计，通过互联网向用户出售的保单或是提供的服务要比传统保险营销方式节省58%~71%的费用。

6.1.3 互联网保险的发展阶段

纵观我国互联网保险行业的历史和现状，我们可以发现这个行业经历了一个从萌芽到爆发的过程。在这个过程我们可以分为四个阶段来理解，第一个阶段是萌芽的阶段；第二个阶段是起步阶段；第三个阶段是积累阶段；第四个阶段是爆发阶段。如图6-1所示。

①第一个阶段：萌芽阶段

这个阶段发生在1997~2000年这一时期。1997年，中国保险学会和北京维信投资顾问有限公司成立了中国第一家保险网站——中国保险信息网。同年12月，

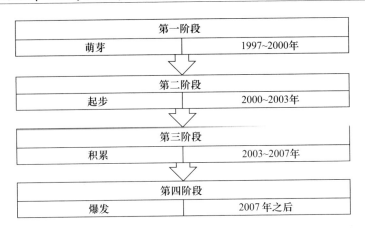

第一阶段	
萌芽	1997~2000年

第二阶段	
起步	2000~2003年

第三阶段	
积累	2003~2007年

第四阶段	
爆发	2007年之后

图6-1 互联网保险四个发展阶段

新华人寿，这个被称为保险业巨头的保险业大户签下了国内的第一份互联网保险单——首张电子账单，这标志着中国的保险业正式迈进了互联网保险的大门。不过由于当时环境的限制以及中国互联网发展的不成熟，这一时期的互联网保险并没有得到多大的发展。

②第二个阶段：起步阶段

这个阶段发生在2000~2003年。2000年可以算得上是互联网发展史上最重要的一年，它有着承前启后、继往开来的作用。在这一年，国内不少大的保险公司都开始建立了自己的公司网站，首先是中国平安建立了国内首家集证券、保险、银行以及个人理财业务于一体的个人综合理财服务网站。五天后，太平洋保险公司建立了国内第一家联通全国、连接全球的保险互联网系统。同年9月，泰康保险也建立了大型保险电子商务网站"泰康在线"。这是中国第一家由寿险公司投资建设的、真正具备在线认证的网站，同时也是国内首家通过保险类电子商务认证授权机构认证的网站。

在这一年，涌现了很多新的互联网保险网站，但因为遭遇了2000年的全球互联网泡沫，互联网保险也受到了影响，开始进入蛰伏状态。其实，这一阶段的互联网保险的环境也不够成熟。首先是当时国内网购条件欠佳；其次是人们保险意识相对薄弱；再次是支付安全问题没有解决；其次是监管和法律等方面缺失；最后是当时中国的电脑普及率很低。

③第三个阶段：积累阶段

这个阶段发生在2003~2007年。2003年之后，中国互联网得到快速发展，网购热潮开始兴起，网上支付问题得到了解决，监管和法律制度也正在逐步完善。这些都为互联网保险的再度成长提供了条件，因此，互联网保险在此阶段的发展显得更加平稳。

2003 年，太平洋保险公司推出了航空意外、交通意外、任我游这三款在线投保保险产品。2004 年 4 月，泰康在线开始主推亿顺四款旅行保险和亿顺两款综合意外保险。2005 年 4 月，《中华人民共和国电子签名法》正式实施，电子保单因此得到了一定的法律依据，有效推进了互联网保险的发展。2006 年之后，以太平洋保险、泰康人寿、中国人保为代表的保险公司纷纷对官网进行改造升级，全面改善产品线、支付与承保优化以及在线购买流程中存在的问题，提升用户的投保体验。互联网保险在这个阶段逐步完成了资本与经验的双重积累。

④第四个阶段：爆发阶段

这个阶段发生在 2007 年之后。从 2007 年开始，互联网保险就开始进入了高速发展阶段，且一直保持急剧扩张的态势，尤其是在 2012 年之后，互联网保险更是以前所未有的速度冲击着传统保险行业。虽然当前互联网保险份额在中国整体保费中所占的比重还很少，但是其每年所呈现的几何式的增长幅度足以证明互联网保险的巨大市场潜力。

6.2 互联网保险如何改变保险业

很多人都说互联网改变了保险业，是的，互联网确实在逐渐对传统保险业产生深刻影响。其改变主要表现为五个方面：消费市场、代理人、经代中介、互联网电商、保险 + 1。

6.2.1 消费市场，需求个性化受到重视

互联网改变了过去的信息不对称，让用户的地位得到了提升，用户对企业的服务要求越来越高，保险行业也不例外。如今，公众的保险消费由隐性变为了显性，消费的主动性、消费的频次、消费的单价都大大地提升，这种改变给保险公司带来了更广泛的创新空间。

例如众安保险，成立于 2013 年，到现在也不过是两三年的时间，但是它已经在互联网保险市场占据了一定的消费席位。它能如此快速地获得成功，获得用户的认可的原因就是它充分把握住了用户的个性化需求。在以往的传统保险业，保险产品种类就是寿险、财产险、车险之类的，很少有细分的保险产品。但是众安保险不同，除了基本的大险种之外，还推出了航空延误险、高温险、小米手机意外保险、银行卡盗刷保险，甚至还推出过"爱情险"。保险产品种类多不胜数，每个险种，都是根据用户的需求推出的。而有阿里巴巴的大数据支持，让众

安保险推出的保险产品更具精准性，更符合用户的需要。

①用户需求个性化受到重视

互联网给保险业带来改变，首先就是消费市场的改变，在互联网的推动下，用户的保险个性需求得到了充分重视。为了迎合用户个性化的需求，保险公司把"互联网保险生活化"作为重要的创新方向，把"服务即产品"从隐性理念上升为显性指标。如今的保险用户已经不再为保险而买保险，随着互联网保险渗透到用户生活的方方面面，互联网保险对于用户来说已经从经济补偿上升为了冲击负面体验的工具。为了满足保险用户的个性化需求，保险公司也由此衍生出了无数新的保险产品，有些保险产品看上去甚至不像保险产品，更像服务包装，比如什么脱光险、恋爱险等。

②互联网保险可以得到售前数据

传统保险行业向互联网保险转型，有一个极大的好处就是保险企业可以拿到曾经梦寐以求的"售前"数据。互联网保险可以在交易之前就了解到目标用户的个性以及偏好，从而针对性地制定更为个性化的服务和方案提供依据。

6.2.2　代理人，加剧行业优胜劣汰

超过 300 万的庞大代理人，是互联网带来的唯一令人不安的变数。保险公司、代理公司管理的失位，让这个庞大群体争议频频。无疑，代理人作为保险行业成本最高的销售渠道，其阵地已经被互联网逐步蚕食，生存空间受到严峻挑战。

例如在众安在线上购买产品，已经无须经过保险代理人。用户只需要进入众安在线网站，查看众安在线的保险产品，选择自己所需要的产品，然后看清条款条例，就可直接购买。不懂的地方只需打咨询电话即可。申请理赔也无须再经过代理人，只需网上申请，按照流程一一操作即可，如图 6 - 2 所示。这种纯线上操作模式，减少了保险企业的运行成本，也势必会将那些能力不足的保险代理人淘汰出局。

①代理人在价值链中的地位和话语权被弱化

以往，代理人可以与保险公司讨价还价，因为他具备这个筹码。但在互联网保险环境下，这个筹码因为信息技术而逐步丧失，代理人在价值链中的地位和话语权被逐步弱化。例如"客户是谁的？""我的工作是自己说了算还是被管着"，保险公司将通过网络提供售前增值服务来获取代理人对客户名单的控制权，还可以用 LBS 技术来管控代理人的展业轨迹。

②部分代理人将被淘汰

在互联网保险的冲击下，一些专业技能和工作绩效无法提升的代理人势必会

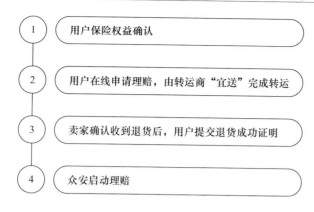

图6-2 众安在线纯线上操作步骤

被淘汰，主动求变才能避免被淘汰的命运。代理人可以通过互联网来获取客户或是提升专业能力、服务水平，承揽更多的品牌以及更多品类的金融产品。或者与互联网结合，不再独立销售，而是成为销售链条中的部分环境，催生O2O模式。

6.2.3 经代中介，大众市场集中度增加

数以万计有着高度用户黏性的兼业经代和以法人业务为主的专业经代，是传统保险业的优势，因此暂时不会受到互联网的牵制。但与此同时，传统经代中介也面临着这么一个问题：面向大众市场的经代中介市场份额太小，人才沉淀，资金实力不如上游的保险公司。因此，这些经代中介一旦失去话语权，又没有充裕的资源投入转型，加上对互联网的陌生，很容易在"金融脱媒"的大趋势下被无情洗牌出去。

传统经代中介的最大优势就是灵活，而互联网则可以把他们的"灵活"优势发挥到极致。保险电商以分销方式来发挥经代中介的"灵活"优势。早期触网的保险中介电商平台就是因此而存活并获得了扩大发展的机会。但是也有专业人士认为，未来此类专业垂直的平台也不会太多，最多是3～5家，现在就看最后谁能将"灵活"发挥到极致，剩者为王。

①保险分销平台的缺点

保险分销平台有三个致命缺点：一是用户体验差，产品虽多，但是大部分都受到保险公司的制约，因此难以做出创新和改善以满足用户的个性化需求，严重影响到平台转化率的问题。二是运营成本太高，比如与保险公司的交易对接，这是一件非常烦琐的事，复杂的对接过程会加大保险分销网站的运营成本。三是高价值保险产品在线交易的主导权不在自己手中，能否突破还是需要看与之合作的保险公司。

②网络分销对保险行业的影响

网络分销对保险行业最大的影响体现在渠道上。互联网的无边际性打破了传统经代中介在时间、地域上的限制，因此可以吸引更多的保险用户。在图 6-3 中，我们可以看到在现阶段网络分销对保险行业的渠道影响到底体现在哪几个方面。

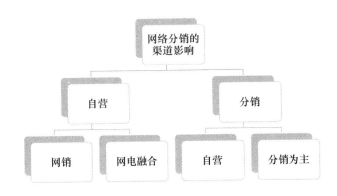

图 6-3　网络分销的渠道影响

6.2.4　互联网电商，店大欺客变反客为主

电商平台拥有金融保险机构垂涎欲滴的巨大资源，包括海量的消费数据、关联的行为偏好、浏览购买的商品数据、支付交易数据潜在的信用数据、庞大的关系链以及话题积聚等，这些都是电商平台与金融保险机构利益交换的筹码。在这种情况下，互联网电商从事保险就可以改变过去传统保险行业"店大欺客"的现状，从而反客为主。

例如淘宝就开设了淘宝保险，并推出一些传统的保险产品，其在利用自身优势抢占市场之时，也针对自身的特色推出了一系列的保险服务，如退货服务保险、淘车保、淘保包、物流破损险、商品质量鉴定险等。以退货保险服务为例，在以往，如果买家不满意货物想要退货，那么在没有人为损坏的情况下，运费是需要自己出的，但是如果购买了退货服务保险就无须自己出钱。而对于卖家来说，退货邮费也一直是个难题，如果购买了退货服务保险，那么，即使货物出现了情况或者买家无理由退款，那么卖家也无须自行承担费用。

①电商设法绕开监管，涉足金融保险

在以往，一些电商平台涉足金融保险行业，都需要与传统保险公司合作。因此，旗下的保险产品颇受对方的限制，难以创新。现在这些电商平台，利用自身的实力与资源设法绕开监管，自己涉足保险行业，做出了许多创新型的保险产品。淘宝网就网罗了数十家保险公司，仰仗其大流量，用理财类万能险开启了金融保险业务。面对互联网电商保险的冲击，传统保险网络销售却因为过于保守以及缺乏数据和流量资源，起色不大。

②流量是吸引保险公司的法宝

虽说互联网电商保险转化率低、产品虽有新意但太过单薄这两个硬伤一直未能解决，但是流量仍然是吸引保险公司与之进行合作的法宝。除了电商，一些旅游平台也加入了互联网保险的行列。例如携程、去哪儿、驴妈妈等。它们依靠着精准的流量在航旅意外保险细分领域收获颇丰，现在它们甚至开始申请专业的保险牌照。

③互联网电商要多与新业态合作才能做好保险

保险所需信息量大，对细致的数据要求极高，而且因其"非标"充满着无限的想象力，存在着巨大的衍生金融以及其他关联商品市场空间。所以，保险虽然只是金融的一部分，但互联网电商对保险却格外用心。一是寄希望于保险产品的创新，重点在于提升转化率。二是通过大数据来提升并丰富产品。

因此，多品类、多品牌、多规格的金融和保险产品创新，是电商平台的发展核心。不过，电商平台在保险领域不够专业，即使有着大数据的支持也不一定能做好保险。最好的方式就是放下身段，以更开放的态度与其他新业态合作，例如淘宝保险一直想在寿险领域发展就是个最好的例子。

6.2.5 保险 +1：新兴行业配套产业链百花齐放

目前为止，我国的保险生态圈还不是很齐全，缺失了基础性的商业元素，第三方中介弱小，缺乏行业价值共识，各自为政的 IT 行业标准，缺乏信用以及医疗等公共基础数据，社保与商业保险分割，等等。造成这种现象的原因或是我国当前保险业发展阶段不成熟，或是市场格局不够开放，或是商业基础薄弱。

互联网"开放、平等、协作、分享"，加之市场的强大力量，监管的有效引导。一次资本的强力助推，一方面互联网保险迅速打破了传统保险行业的垄断与设立的藩篱；另一方面也创造了大量的新生市场主体。

①公共资源是互联网保险的"数据运营商"

与保险行业发生关系的公共资源，将成为在数据的获取、传输、存储、处理、分发链条上有所作为的"数据运营商"。在这个范围中，来自车载智能终端、医疗健康可穿戴设备、智能医疗设备、电子病历等垂直数据入口让 Usage Based Insurance 成为现实。迟早与保险行业产生交集让此类创业企业成为风投追逐的热点，甚至还有很多保险公司直接投资，或是参与制定底层的数据格式和传输标准，与互联网行业争抢数据制高点。

②健全的生态系统需要独立的第三方评级机构做支持

健全的互联网保险生态环境需要独立的第三方评级机构，例如 Kaopubao.com 这种机构，建立对保险企业、产品以及服务进行评级的通用标准，然后一步步地成为非官方的基本价值标尺，成为有能力汇聚、经营大量零散的长尾数据的第三方平台。

同时，为了彻底解决保险公司与分销平台之间的高成本低效率的交易对接问题，类似于证交所这样的平台就会出现，证交所是居于第三方、专门做交易接入的纯服务平台，此类平台能更好地执行行业标准化，提供交易接入、结算和交易数据服务。

6.3 掌握技巧，让互联网保险投资更保险

保险是一种投资，互联网保险更是如此。既然互联网保险是一种投资，那么也和其他投资一样，都需要掌握技巧，只有掌握了技巧，才能让互联网保险投资更保险。

6.3.1 降低风险，把握平台选择技巧

互联网保险平台是一种以计算机互联网为媒介的保险营销模式，平台的目标是为投资人搭建一个高效的信息交流平台，创建一个优质健康的商业信用环境。但是随着互联网保险的发展，互联网保险平台如雨后春笋一般涌动而生，其中有真正能为投资人创造利益的平台，也存在着不少品质差，给投资人造成损失的互联网保险平台。那么投资人如何才能选择一个好的平台呢？

慧择互联网保险是一个有着优质健康的商业信用环境的平台。首先，慧择保险有中国保险监督管理委员会授予的网销营业执照，这就代表了这是受官方认可的保险平台。其次，慧择保险的注册资本为 4950 万元，具备一定的实力。再次，慧择网旗下的保险产品多达 900 多种，并与多家知名保险企业合作。最后，其用户多达 500 万，足以证明该平台是个值得人们信任的互联网保险平台。

从以上这个案例中我们可以看出，一个优质健康的互联网保险平台需要具备以下条件。

①具有办理投资保险和购买保险的业务能力

投资人在选择互联网保险业务平台时，先要看清这个平台是否具有办理投资保险和购买保险的业务能力。当下的互联网保险行业中，有很多的保险服务平台，打着为投资人提供保险业务的幌子，实际上却是利用寻找投资和购买保险的

人的心理，来实施诈骗。因此，在选择互联网保险平台时，一定要事先了解这家平台是否有这个资质。这个资质包含了它在行业中的口碑。口碑代表一切，有好口碑肯定就会有好服务。其实就是看这个平台是否有负面新闻的出现。如今的时代是互联网时代，如果该平台有任何负面事件出现都会在网络上呈现出来，投资人可事先搜索一下相关新闻。最后就看这个平台的新闻动态情况，对于一家大型、有权威的公司来说，每天都会有新闻动态发出的。如果这些都不错，那么这个互联网保险平台就可以列为自己投资平台的对象了。

②10 家最具代表性的互联网保险平台

目前，在互联网保险行业较有代表性的，且排在前十位的，分别是慧择保险网、聚米网、新一站、向日葵保险网、保网、E 互助、700 度保险网、中民保险网、意时网、大特保。我们可以从平台基本信息、合作品牌、产品线、理赔服务等多项指标对这些平台进行测评对比。这样，投资人才能选出最安全可靠的，也最适合自己的互联网保险平台。如图 6－4 所示。

第一，上线时间：10 家平台中上线最早的是 700 度保险网，截至目前，运营时间已经超过 10 年以上，慧择保险的运营时间也接近 10 年。上线时间最短的是大特保，2015 年才刚上线，E 互助则是 2014 年上线，成立时间相对较短。对于互联保险平台来说，运营时间越长，产品线就越丰富，服务和管理经验也更为成熟，不过，走细分险种、特色服务路线的新型平台也可以适当关注。

第二，注册资本：在以上列出的 10 家保险平台中，注册资本最多的是新一站保险网，注册资本为 10000 万元。与此同时，向日葵保险网的注册资本仅为114 万元。不过其注册资本少是因为其平台属性的关系，它主要的业务是撮合代理人与投保客户。

第三，公司背景：慧择保险网的原控股东是上市公司焦点科技，2014 年，焦点科技不再控股慧择保险网，股权比例降至32.7％。新一站保险则是焦点科技100％ 控股的全资子公司。此外还有保网，保网的运营主体为泛华世纪保险销售服务有限公司，是由美国纳斯达克上市公司——泛华企业服务集团，在传统渠道基础上打造的第三方保险电子商务平台。大特保则获得了私募基金德沃和险峰华兴创投的天使投资，在上线三周之后，又获得了策源创投和平安创投 A 轮投资，不久后又再获复星集团旗下昆仲资本 A＋轮投资，融资结束后总融得 1.8 亿元资金。

第四，商业模式：就目前的发展阶段来说，保险代理公司发展网上商城成为互联网保险的主流模式，慧择保险网、中民保险网成为其中电商代表。向日葵保险是以撮合代理人和用户为主要业务，在汇集搭理人、建立代理人生态方面有着自己独特的优势。E 互助是新兴的保险平台，因此与传统保险有着很大的不同。大特保则是专注为细分保险领域的典型代表，其主要产品是健康险和意外险等纯

图 6-4 各个保险网站的特点

保障保险产品。意时险则主要做旅行保险。

第五，合作品牌：目前，有很多保险公司展开了互联网保险业务，而选择与第三方网络平台的合作更是超过了一半。互联网保险平台与保险公司合作最多的就是向日葵保险网，截至 2015 年 10 月，达到了 76 家，几乎覆盖了所有的主流险企。与慧择保险网和中民保险网的合作品牌数均超过 50 家。

6.3.2 理性投保，冲动是魔鬼

保险虽然是一种保障投资，但也不是所有的保险都能得到保障，也不是所有的保险投资都能得到回报，特别是在互联网保险发展还不是特别稳定的时候。因

此，投资人在投保时一定要理性投保，谨慎再谨慎。

①了解保险产品的基本知识

尽管部分互联网保险产品偏重投资功能，但本质上还是属于保险产品，经营主体是保险公司，因此最好不要将其与银行存款、国债等基本金融产品进行片面的比较，更不要把它作为银行存款的替代品。

②客观分析自身的保险需求

虽然很多投资人把互联网保险看作是一种投资，但也要客观分析自身的保险需求再进行投资。人生的不同阶段，保险需求也是不同的。例如年轻人偏重家庭经济责任，中年人偏重子女教育储备和养老储备，同时对于健康保险的需求也逐步增加，老年人则偏重养老、健康护理和财产传承。所以，投资人在把保险产品作为投资盈利的产品时，也要结合自身的需求。

③根据需求匹配购买对应的产品

前文就说过，即使把购买互联网保险当作一种投资也要根据需求。所以投资人要根据需求匹配购买对应的产品。通常来说，家庭经济责任和紧急预备金可以通过购买保障型产品来转移突发风险带来的经济损失，典型的保障型产品包括意外险、健康险和定期寿险等。如果是子女教育和养老规划则可以通过购买人寿保险或是年金保险的方式进行储蓄准备，例如分红两全保险、万能保险以及年金等。如果是以纯投资为目的，不考虑其他，则可以选择投资联结保险。

④选择和经济实力相当的保费开支

投资是为了让自己赚钱的，而不是让自己把所有本钱都赔进去。因此，在投资时一定要选择与自己的经济实力相当的保费开支。一般来说，保障型产品可以用相对较低的保费获得较高的保额。如果是一般收入的投资人，可以将意外伤害险保险金额设定为自身年收入的 10 ~ 20 倍；重大疾病险保险金额则可以设定为 5 ~ 10 倍。保险费支出一般在年收入的 5% ~ 15% 之间为宜。

6.3.3　各类保险细节需要注意

随着互联网保险的发展，越来越多的消费者已经逐渐认同"买保险就是买保障，买保险就是买投资"的理念。因此，投资人就更要确保保单有效、保障有力，同时还要确保一旦出险能及时获得理赔。从这个意义上说，投保时就要重视一些细节，看清各类保险的内容，免得让自己遭受损失。

我们先从几个案例来看我们在购买互联网保险产品时如果忽视细节，都会出现哪种情况。

案例一：武小姐在保险人员的推销之下，买了 2 万元的万能险。但是在购买后的第二年，因为临时需要钱，武小姐想要退保。但是却发现，自己购买的保单不但没有增值，如果退保，还要承担初始费用的损失，需负担投保的50%。一年时间，2万元保费就缩水了一半。

案例二：60岁的林先生在最近一次的身体检查中查出为"三高"人群。因此，他意识到该为自己添置一些健康保险，但是咨询后，才发现为时已晚。大部分的健康险都把初次投保的年龄控制在55岁以下，续保才能到60岁。其实林先生在十年前就为自己投保了意外保险附加意外医疗险，一年保费为400元。不过，当年的保单放到现在，保障力度很有限。意外伤害险的保额是6万元，住院只能补贴30元。另外，住院费补偿、手术费补偿每次为3000元。显而易见，这样的保障力度根本无法和现在的医疗成本匹配。林先生懊悔没有在这十年间对保单做进一步完善，以为一张保单就可以保终身。

细节一：看清保单条款，以免出现退保损失

没有看清保单条款，就会出现案例一中吴小姐的情况。保险不比一般的商品，在购买保险时一定要看清保单的条款，对其内容有着全面、清楚的认知。而许多投资人在购买的过程中，可能会因为营销员的推销而忽略一些细节。例如退保可能对投保人造成的损失等，都需要投资人仔细阅读保单条款来弄清。

另外，如果投保后发现自己购买的保险产品实际上不是自己想买的产品，或是对某条条款存在疑问，就要马上采取行动，让自己的损失降到最低。大部分保险产品在犹豫期（一般10天）内退保，是可以获得全额保费退还，最多只需要支付工本费。

细节二：保险金额、保障内容需及时调整

像案例二中林先生这样的投保人屡见不鲜，以为买一份保险就可以万事大吉。实际上，世界在改变，保险也在改变，特别是瞬息万变的互联网保险。在互联网保险中进行投资的投资人更要警惕林先生这样的情况，虽然他买的是传统保险，但互联网保险本质上也是保险。保险和自身随时随地都在改变。

6.4　防范互联网保险风险

互联网保险有着传统保险没有的优势，同样也具备着传统保险没有的风险。对于投资人而言，它是一种新的投资渠道，也是一种新的投资风险。有报告认为，互联网保险产生的一些新型风险可能会与传统风险产生叠加效应，给互联网保险带来潜在的风险和问题。因此，在投资互联网保险时，一定要注意防范互联网保险风险。

综观互联网保险的发展现状，其存在着五大风险。

①信息披露不充分

互联网保险业务主要是通过投资人自主交易完成，与传统的交易方式相比，缺乏面对面的交流沟通。同时互联网销售强调的那种吸引眼球、夸张演示的营销方式，与保险产品的严谨审慎、明示风险的销售特质存在很大的差异。保险产品要求全面、充分的信息披露和风险提示。目前，部分第三方平台销售的保险产品，存在着信息披露不完整、不充分、弱化保险产品性质、混同一般理财产品、片面夸大收益率、缺少风险提示等问题。这些问题让投资人的利益遭受了不少的损失。

②产品开发不规范

虽然保险行业一直积极地探索大数据应用，也取得了一定的进展。但总体来说，还是不够完善，行业内部数据积累、数据挖掘以及发现数据背后价值的能力还不够。而且，因为缺少相关历史数据的积累和引用，在创新型产品开发上还存在着定价风险。除此之外，个别保险产品违背基本原理和大数据法则，因此有博彩的性质，混淆创新边界，存在伪创新、真噱头的嫌疑。

③信息安全风险

互联网保险最大的技术基础之一就是信息系统。当前，支持互联网金融大数据、云计算等新技术的发展还不成熟，安全机制也不够完善，安全管理水平更是有待提升。互联网保险公司对旗下业务数据和客人个人信息全面实现电子化。因此互联网安全问题若得不到保障，很容易造成业务数据和客户信息泄露或丢失的风险。这种情况在互联网保险行业已屡见不鲜。

④创新型业务风险

互联网金融的兴起，丰富了金融产品层次。与此同时，也产生了新的风险管理需求。保险公司对这类创新型业务的合规性判断、产品开发、风险识别和风险定价能力等方面还有待提升。

⑤欺诈风险

互联网保险因为不是面对面交易，因此保险公司无法直接了解观察投保人或者保险标的风险水平，对公司风险管控能力也提出了更高的要求。当前，一些不法分子通过互联网投保后诈骗保险金等违法犯罪行为时有发生。

Chapter 7　电商金融

——电商不只卖产品，还是金融新贵

电商金融是传统金融行业与互联网精神相结合的新兴领域。电商金融的出现是因为互联网"开放、平等、协作、分享"的精神往传统金融业态渗透，对金融模式造成了巨大的影响。现在的电商平台早已不是过去那个电商平台，它不仅可以卖产品，还可以进行贷款、购买理财产品等金融服务。

7.1　什么是电商金融

电商金融泛指 P2P 网贷以及电商提供的一系列互联网金融服务，例如互联网支付货币、互联网信贷、供应链金融、预售订单融资、中间业务、货币兑换、账户预存款、支付工具、移动支付工具等。电商金融与传统金融不同，其不仅在开展金融业务时所使用的媒介不同，更为不同的是在于金融参与者深谙互联网"开放、平等、协作、分享"的精髓，以网络平台为依托，让传统金融业务的透明度更强、参与度更高、协作性更好、中间成本更低、操作更便捷。电商金融是以互联网金融为核心，拓展小微企业的融资渠道，对社会闲散资金进行有效利用。

7.2　电商金融的产生背景

国内部分小微企业出现资金链断裂和企业主出走失踪的现象，对社会经济的稳定造成了不小的影响。产生这个现象的原因，在表面看来是负利率情况下缺少正确的投资渠道，因此让大量的资金涌向高利率金融工具，从而导致金融风险。而实际上却是 2008 年金融危机后，2009 年上半年货币政策极为宽松，货币供应快速增长，在 2010 年物价快速上涨后，2011 年上半年大量的闲置资金急需被再利用，从而再产生利润。因此，这些闲置资金的持有人就把资金投资给高额利率借贷产品。后因为持续紧缩的货币政策累积效应，货币供应持续快速回落，导致民间资金链断裂。

小微企业贷款需求较为紧急，但是其贷款频率高、金额少、期限短的特点不受传统金融机构欢迎，从而引发了融资难、融资贵的问题。而这些问题阻碍了小微企业的快速发展。在传统金融无法有效解决小微企业融资难的情况之下，不少金融机构只求安全第一，对于贷款审核严上加严，只接受有抵押的贷款申请，银行也是如此。

中国现有的金融体制和配套体制，不是地区性的金融改革能够解决的，也不是固有的金融运作模式能够解决的，因此只有引入互联网的"开放、平等、协作、分享"的精神，再结合传统金融的核心本质，才能真正解决小微企业融资难的问题。而电商金融就是一个网络贷款的公共平台，它的出现更好地促进了小微企业实现融资方式的创新，扶持小微企业积极发展。可以说，电商金融就是为了建立社会闲散资金和小微企业有效资本之间互帮互助的互动平台，以互联网技术为核心，拓展小微企业的融资渠道。

7.3　成就电商金融的六大模式

如今，各大电商大佬纷纷加入行业，例如淘宝、京东、苏宁。这些大佬一进入互联网金融行业，就搅得市场风云变色，互联网金融企业人人自危。那么是什么成就了电商金融，助力电商金融成功的？

7.3.1　支付工具金融

电商金融的第一个模式就是支付工具金融，支付工具金融是以第三方金融为代表，最初是以银联 POS 为代表，发展到现在则是以支付宝、财富通微信这些第三方支付工具为代表。

支付宝最初只是电商网站淘宝网为了解决网络交易安全和支付所设计的一个功能，这个功能首先使用的就是"第三方担保交易模式"。卖家将货款转入支付宝账户中，卖家发货，买家在受到货款确认后，支付宝就会将货款打到卖家账户中，此时支付宝就是担任一个支付中介的作用。支付宝不仅从产品上确保用户在线支付的安全，也建立起了买卖双方的信任。

财付通是腾讯公司创办的在线支付平台，财付通与拍拍网、腾讯 QQ 建立了全面的合作。按照交易额来算，财富通排名第二，份额为 20%，仅次于阿里巴巴公司的支付宝。

①货币支取工具与流动通道

第三方支付工具不仅是电商平台买卖交易双方所有交易资金的支取工具和流动通道，更是电商平台服务增值服务收费的工具，同时还担任着中间业务、其他金融衍生产品与业务的工具和通道的角色。我们也可以这样认为，第三方支付工具是电商所有金融活动的载体和基础平台。

②担保交易增值服务

第三方支付是具备一定实力和信誉保障的独立机构，与各大银行签约合作，为用户提供与银行支付结算系统接口和通道服务，实现了资金转移和网上支付结算服务的机构。第三方支付工具作为双方交易的支付结算服务中间商，它有两个功能：第一是提供交易资金流服务通道。第二是实现交易和资金转移结算安排。第三方支付的作用有两个方面：第一是在制度上解决了网络零售交易双方远程、虚拟、信用等带来的潜在风险。第二是在技术上解决了多银行账户接口、支付安全、效率的问题。可以说第三方支付是人类交易史上继黄金、纸币、信用卡之后的一次支付革命，它的出现也极大地推动了电商的发展。

③交易资金沉淀利息收益

电商与第三方支付工具虽然在资产上互不交叉、隶属，它们的业务范围也不同，但同时也是紧密相连的。没有连接网络零售交易主体的网商和网购者的电商平台，就不会有主体间的交易存在，更不会有商流。同样，没有作为网络零售交易主体的网上第三方支付工具的支付宝，就不会有网上资金流。第三方支付工具是很多电商网站实现盈利的核心和关键，例如支付宝和淘宝网。

④保证金沉淀利息收益

保证金是电商网站为保证交易安全与诚信而设立的以网店为主要约束对象的金融约束制度。在网购交易中，网店与网购者是矛盾的主体，但保证金收取只针对在该电商平台开展业务的网店。保证金的收取，一方面在一定程度上保证了网购者的利益；另一方面电商网站可以通过保证金沉淀利息收益。以淘宝为例，2009年底，淘宝网的注册网店就达到了200多万家，如果按平均每店1000元的保证金计算，可得保证金总额：200万网店×1000元＝20亿元。这个数字代表淘宝始终有20亿以上的资金沉淀。现在淘宝网的规模更加庞大，收取的保证金也有所增加，这也就是说，淘宝网有了更多的保证金，更多的资金沉淀。

7.3.2 账号预存款金融

什么是账号预存款金融？其实这与我们手机卡上的存款有点像，就是你充值后扣掉当月月费，账号上还剩下的钱。我们的支付宝、微信支付上的余额也可以算是账号预存款金融。电商金融企业为了提升账号预存款额度，推出了不少的活动。

例如2012年的"双12"，淘宝网为了提升交易额，开展了"支付宝充100，送100"的现金活动。不过参加该活动有规定，需要由活动页面登录，其他登录路径无效，而且只限已通过支付宝实名认证的用户参与。参与活动需一次性最低充值100元，上不封顶，单笔充值最高返还100元现金红包，每个ID只能得到一次返现机会，苏宁易购的易付宝也曾在促销季中推出过充100返100的活动。

这些电商金融这么大手笔做活动的目的，就是为了提高账号预存款，账号预存款高，电商金融企业可利用的资金也就越多。现在这种模式也换成了另一种，例如把支付宝中的钱存进余额宝，这也是一种变相的账号预存款模式。这样用户除了可以得到高额利息，支付宝也得到了更多的账号预存款。

①简化客户支付手续

预付账户支付是指用户先把资金注入电商平台的个人账户中，然后在购物时就可在下订单后直接在支付信息里选择账户余额结账，无须再通过网上银行或者快捷支付。账户预存款解决了用户每次在网上购物时支付环节中的麻烦，而且确保了100%的支付成功率和良好的客户体验环境。

②提前锁定消费资金

预付账户支付能够提前锁定用户一定额度上的消费资金，而且不需要再向其他金融机构支付资金利息。对于商家来说，得到的利益不言而喻。为了让用户在账户中预存一定量的资金，电商平台使出了浑身解数，要么给出一定金额的返现，要么给出一定比例的中奖等利益诱惑，可以说是花招百出。

③资金沉淀利息收益

如果将电商账户看作一个资金储水池，预付账户款就是不断地向这个水池注水，随着充值总额的增加，随着水位的上升，这个资金池就会产生越来越多的利息。

7.3.3　货币汇兑金融

支付宝在2011年5月5日就获得了央行颁发的网上支付、银行卡收单、线上预付卡发行、无线支付、货币汇兑等业务许可牌照。2011年9月5日，支付宝就宣布了和全球总部设立在澳大利亚的安卡国际集团旗下的第三方支付服务公司安卡支付达成收购协议。该公司为600家海外商家提供跨境支付服务，其应用范围主要针对实物与航空跨境在线交易，覆盖全球34个国家和地区，同时支持英镑、美元、瑞士法郎、欧元等十多种海外货币结算。支付宝此次的收购行为意味着支付宝在货币汇兑、跨境支付与结算、跨产业支付业务上迈出了非常重要的一步。

①拓展全球网购客户

以支付宝为代表的电商平台推出货币汇兑金融业务，其首要的目的就是将网购用户从中国的客户群拓展至持有他国或第三国货币的全球用户。

②佣金收益

网购用户使用支付工具需要向服务商支付资金通道的使用手续费。如 Paypal 向提款方用户收取 2.9% ~ 3.9% 不等的手续费，这是 Paypal 的主要利润来源。

③货币汇兑结汇收益

汇兑收益，其实就是指用记账本位币，按照不同的汇率而产生的汇兑差额。例如 Paypal 的体现方式就是直接以美金入账到客户的银行卡中，在结汇时，以当天的汇率来计算。在通常情况下，银行一般也会以当天汇率的买入价给用户结汇。

7.3.4 供应链金融

未来，电商平台之间的竞争一定是供应链之间的竞争，谁能将供应链运转得更好，谁就能占据先机。通过资金流带动整个链条向前流动，从而实现整个供应链的整合。

京东商城从 2012 年就开始筹建供应链金融服务平台，其内容涵盖了京东商城供应链评价系统、结算系统、票据处理系统、网上银行以及银企互联网等电子渠道。完成供应链金融服务平台建设的测试之后，2012 年 11 月 27 日，京东联合中国银行宣布，将对其超过 500 家供应商提供供应链金融服务平台服务。发展到 2016 年，京东商城已经是面向全部京东商城供应商开展一套金融服务的综合型金融服务平台。

①压缩交易成本

在如今这个经济环境，各个企业虽然无法压缩生产成本，但是却可以大幅度压缩交易成本。企业通过供应链金融平台的整合资源能力，只负责生产产品这个环节，其他的环节都由平台来完成。平台服务商把企业的各个环节需求整合打包给供应商，拿到最低的批发价，这样可比企业自营自采的成本降低 30%。同时随着客户量的增加，采购的成本还会不断下降。

②供应链融资

电商商务技术的适时属性，让电商服务供应链上的每一个数据都能采集和分析，并提供给金融机构，金融机构再有效整合后，就可实现客户的贸易链融资。供应链融资服务不一定需要企业提供固定资产抵押或者担保，只是增加了货物质押或应收账款转让作为授信的条件。这样就可把传统金融机构以资产质押作为风险控制的手段转变为以控制物流和应收账款为风险控制的手段。这种电子商务平台和银行信贷平台嫁接所产生的网络融资通道，为中小企业提供了新的资金来源，改变了中小企业的金融支付方式，同时还能与国际支付习惯接轨，实现订单的开源。

7.3.5　互联网信贷金融

电商金融最成功的运用模式可以说是互联网信贷金融，随着互联网金融时代的到来，除了类似于 P2P 这样的门户网站不断地兴起，电商巨头们也纷纷加入这个行业，想要分一杯羹。而从 2015 年的市场行情来看，电商巨头加入互联网信贷金融之后，可不单单是分了一杯羹这么简单，可以说，它们的加入搅得互联网信贷金融市场翻天覆地。

阿里巴巴早在 2007 年 6 月就与中国建设银行、中国工商银行展开了在中小企业融资领域的战略合作，当时阿里将这块业务称为"阿里贷款"。2009 年 6 月，阿里贷款从 B2B 业务中拆分纳入阿里巴巴集团，成功让阿里巴巴金瓯事业部，专门负责集团旗下所有子公司平台的融资业务。2010 年 3 月，浙江阿里巴巴小额贷款股份有限公司正式获批成立。自 2010 年成立后，阿里金融就相继开发出了阿里信用贷款、淘宝（天猫）信用贷款、淘宝（天猫）订单贷款等微贷产品，而且全部为纯信用贷款，无须小微企业或个人贷款者提交任何担保或者抵押。现在阿里巴巴还专门成立了蚂蚁金服，专门负责 P2P 网络贷款业务。现如今，阿里金融已改为蚂蚁金服。

①信贷利息差收益

商业银行的收益主要来源于存款利息差。因为阿里信贷金融主要是面向无法从银行取得贷款的客户，因而贷款利息较高，这远远超过了商业银行的存贷利息差。这种高利差主要是因为这部分客户的高风险。由于我国公民个人和企业的征信体系不健全，各个部分和地区的征信数据体系尚处于建设状态，而且这些数据都不对外开放，使得银行贷款在信用评价方面阻碍重重，从而制约了小微企业的融资途径。

②大数据增值应用

电商可以通过客户累积和交易产生的海量数据，并且对这些数据进行分析利用，最后产生大量的职业业务和商业应用。阿里金融之所以能发展得如此之快，受到那么多投资人和借贷人的欢迎，主要就是因为其拥有基于淘宝、天猫点电子商务网站留下的大量交易数据。互联网金融信贷最大的成本和风险两个难题，阿里金融通过对数据的收集以及整合彻底解决了。

③提升用户黏性

阿里金融一方面满足了中小企业的融资需求；另一方面对自身的核心业务起到了反哺作用，用户黏性得到了极大的提升。阿里系的金融服务主要针对阿里巴巴会员企业提供短期的融资，一方面成立阿里小贷公司放贷，使用自有资本；另一方面又与商业银行达成协议，合作放贷，使用银行资金。在此，阿里金融承担起了担保人与信用信息提供者的角色。

7.3.6 移动支付金融

手机移动支付显然是如今电商金融行业的新宠，手机支付宝、微信支付等可以说人人必备。由此，电商金融又催生了一个新的金融业务，移动支付金融。

支付宝、财付通相继推出手机移动支付客户端，如手机支付宝、微信支付、QQ钱包等。在推出手机支付业务的同时，也推出手机淘宝等移动电商客户端，在填补国内移动电子商务领域空白的同时，也让随时随地的移动支付增加了更多的应用场景。同时，美团、拉手网、饿了么等移动电子商务的发展，也推动了移动支付需求的大幅增长。

①让用户在任何应用场景下网购

有商务就会有资金流动，也必然包含支付流程。移动支付在内的移动金融服务可以让用户随时随地，使用任何可用的方式进行购物。移动支付无疑极大地扩大了网络购物的便捷性和超时空性，从而进一步提升了电商平台的总交易额。

②让任何需要支付购买的商品和服务都成为网货

非接触式距离无线通信技术（Near Field Communication）和不停车收费系统ETC（Electronic Toll Collection）实现了过路、过桥、停车、通勤等任何需要购买的商品和服务都能成为网络产品。这无疑让电商产品的边界无限放大，大大提升了电商平台的交易额。

7.4 电商金融，消费、融资两不误

电商金融的出现改变了传统的电商模式。在以往，用户去电商平台的目的就是为了消费，而如今还可以进行融资、理财。

7.4.1 买完东西，还可贷款

我们逛电商网站最大的目的是什么？是的，就是去买东西，没有别的什么需要。都说"马云成功的背后有无数个女性的支持"，其实这句话的意思就是说淘宝网站的支持者的消费成就了马云。但是现在，消费者不只可以成就电商网站及其创立者，电商网也可以帮助消费者，为消费者提供贷款服务。

2013年2月13日，京东商城的"京东白条"业务正式上线公测，京东用户

在获取信用额度之后，可在购物后选择延期付款或者分期付款。"京东白条"是作为互联网电商金融第一款面向个人用户的信用支付产品。"京东白条"的推出对京东商城的产品销售起到了一定的促进作用。可以说，"京东白条"就是一款创新模式的小额贷款产品。

京东作为最大的自营式电商，在过去十年的快速发展中，积累了大量的数据。通过对用户的消费记录、配送信息、退货信息、购物评价等数据进行了风险评级，京东建立了资金的信用体系。京东通过在线实时评估客户的信用，给予了部分信用较好的用户使用"京东白条"购赊商品的资格。

"京东白条"的首批"白条用户"最高获得了 15000 元的信用额度，在购买商品之后，用户可选择最短 30 天或者 3～12 个月的分期付款。如果使用分期付款，每期的手续费为 0.5%。在最后付款日期，京东会通过短信、邮件、手机等各种方式来提醒客户还款。对于到期未还款的用户，京东则会按照每日万分之三的标准来收取违约金。

①分期付款就是变相的小额贷款

电商网站推出的分期付款，其实就是变相的小额贷款服务。以京东白条为例，用户在京东购买一个价值 12000 元的电脑，分 12 个月还完，每月 5% 的利率，那么用户每个月就需要还款本金 1200 元，加上利息 50 元，12 个月也就是 600 元的利息。其本质上，就和去别处借钱购买产品一样。

②电商贷款优惠多

电商网站推出的贷款与其他平台推出的贷款在一点上有很大的不同，就是电商网站市场会有优惠活动的推出。以京东白条为例，其推出的"白拿"活动，只要是新用户或者打八单白条的用户就可获得一次购买一元产品的机会。京东白条还推出了全额免息的活动，让消费者可以消除需要多付款的心理障碍，有效刺激了京东网站的销售量。

7.4.2　开网店钱不够，找电商借钱

现在，想要在电商网站开店的门槛越来越高，即使是淘宝，其开店的门槛也提高了不少。当然，例如淘宝集市一样是可以低门槛开店，但是在淘宝集市开店流量少，比不上天猫。但是在天猫开店，需要大笔资金的支持，不管是押金还是装修都是非常大的一笔投资。这让许多想通过电商网站创业的人苦恼不已，但是自从淘宝贷款推出后，在一定程度上帮助创业者解决了这个难题。

2010 年，阿里小贷成立之后，淘宝贷款也随之推出。刚开始时只试点推出了订单贷款、信用贷款等贷款产品，现在淘宝贷款已经发展出了淘宝订单贷款、淘宝信用贷款、天猫订单贷、天猫信用贷款、营销充值宝、无线—小微贷等多种

产品。

每种淘宝贷款产品都有相关的需求，如果淘宝店主想申请贷款，都需要具备哪些申请条件？淘宝订单贷款需要满足以下三个条件：一是店铺注册人年满18周岁，具有完全民事行为能力的淘宝卖家。二是淘宝店铺最近2个月持续有效经营，每个月都有有效交易量。三是诚实守信，店铺信用记录良好。信用贷款的资质也是一样。如图7-1所示。

▶ **淘宝订单贷款**
　　了解贷款　　如何申贷　　贷款记录　　还贷操作
　　贷款对账

▶ **淘宝信用贷款**
　　了解贷款　　如何申贷　　贷款记录　　还贷操作
　　贷款对账

▶ **天猫订单贷款**
　　了解贷款　　如何申贷　　贷款记录　　还贷操作
　　贷款对账

▶ **天猫信用贷款**
　　了解贷款　　如何申贷　　贷款记录　　还贷操作
　　贷款对账

▶ **营销充值宝**
　　了解产品　　如何申请　　充值管理　　提前还款

▶ **无线—小微贷**
　　了解小微贷

图7-1　淘宝贷款各个产品条件

资料来源：淘宝网。

那么淘宝贷款的利息又该如何计算呢？如淘宝集市信用贷款的计算方式是贷款利息按日计算，日利息=当日贷款本金余额×当前贷款日利率（实际日利率以合同签署为准）。

此外，担保公司也向电商企业提供商誉质押融资担保，也就是说，凭着淘宝上的"钻"即可。

①注意电商金融的信用额度贷款计算方式

电商网站推出的贷款衡量标准一般都是按照贷款人的信用等级，无论是消费者还是在电商网站开店的店主。每个电商网站的贷款，其推出的信用额度贷款计算方式都不同，因此，贷款人在贷款时需要特别注意。

例如淘宝贷款的贷款金额是根据店铺的信用等级来计算的，同时综合经营情况和实力等数据，由系统直接贷款的金额范围为1元~100万元。其衡量的标准包括店铺的交易稳定性、好评率、评分、退款、淘宝投诉、处罚、出售侵权或违禁商品、是否有虚假交易等，这些都会影响贷款人是否可以申请贷款和贷款申请额度。

②电商平台用户是电商贷款的唯一共同条件

每个电商网站对于贷款申请的条件要求都不一样，利息计算方式也不一样。但其有一个共同点，就是在该网站申请贷款的必须是该网站的用户、商家、合作商、供应商，否则该电商平台是不会发放款项给申请者的。例如京东贷的申请者资质要求，就包括了京东开放平台商家、全网电商企业、京东自营供应商、京东开放平台商家法人代表，而且还推出了专门的产品，包括网商贷、京小贷、京保贝等。

7.4.3 用保险代替保证金，释放资金流动性

电商网站在互联网行业之后，推出的产品越来越多，花样也越来越多。例如推出的各种针对电商特点的保险产品。2013 年，阿里巴巴推出了能替代保证金的保险产品，在提高电商网站黏性的同时，又为自己迈入互联网保险开了一个好头。

2013 年 11 月 23 日，众安保险联手阿里巴巴推出"众乐宝——保证金计划"。这是众安保险成立以来推出的第一个产品，也是国内首款由电商平台推出的网络保证金保险，它为淘宝集市平台加入消保协议的卖家履约能力提供保险。2013 年 12 月 5 日，该保险正式对淘宝卖家推出。

①保险代替保证金，减少卖家压力

保证金一直是很多卖家头疼的问题，每个电商网站需要缴纳的保证金额都不一样。而且保证金一旦缴纳，除非你不再开网店，否则这笔资金就不能动，也就是说卖家交保证金后会有一笔 1000 元到几万元不等的资金被冻结了。这也是许多卖家开网店犹豫的原因之一。而阿里巴巴推出的"众乐宝"则有效解决了这个问题。

淘宝集市卖家数量众多，为了保证消费者利益，每个加入淘宝的卖家都需要缴纳一定金额的消费者保障基金。淘宝卖家只要加入"众乐宝"自信选择保险额度后，就无须缴纳保障基金，就能获得消费者保障服务资格、消保标识，还可获得详情页面最高可达 20 万元的保障额度的展示。淘宝商家的保证金分别为1000 元到万元不等，而如果购买了"众乐宝"，最低只需要 18 元的保费就可得到保额 1000 元的保证金。

②保险让电商买卖双方实现双赢

购买电商网站的保险，可以让电商买卖双方实现双赢，减少卖家赔付的压力，解决信用受损的麻烦，又让买家可以及时得到赔付。例如"众安宝"的理赔和追赔形式，就是采取"先行垫付、事后追赔"的形式，即一旦买卖双方发生维权纠纷，需要店铺对买家进行赔偿。"众乐宝"就会先对买家进行赔付，事后再向店铺追款。这种理赔形式，对于卖家来说，提高了资金的使用效率；对于买家而言，保险单先行赔付可以缩短维权过程，可以更好地提升买家的购物体验。

7.5 避开电商金融的暴风口

目前阿里、百度、京东等电商公司纷纷布局消费金融。2014 年 9 月 22 日，百度公办公司与中影股份、中信信托及北京德恒律师事务联合发布国内首个电影大众消费平台——百发有戏。2014 年 9 月 24 日，京东金融发布了消费金融战略，同时向外宣布了未来 2 年，白条用户数将与京东用户体量匹配的战略目标。2015 年 7 月 26 日，刚刚获批的腾讯"微众银行"也在向外招聘，其目标也是布局消费金融。

目前，电商金融的发展布局也是以消费为核心，抢占用户。综观电商金融目前的市场情况，可以想见，未来不仅仅是电商企业加入电商金融这个领域中来。而对于京东、阿里、百度等电商互联网企业开展电商金融或存在着以下几点风险需要注意。这些风险是陷阱、是暴风口，不管是投资人还是电商金融企业本身都需要注意。

①监管风险

2013 年 11 月 13 日，银监会公布修订了《消费金融公司试点管理办法》（以下简称《办法》），于 2014 年 1 月 1 日正式生效。该《办法》中支持、准许非金融企业作为主要出资人参与到这个领域。但在当时，对于京东白条、天猫分期付款、百发游戏这些互联网企业的相关监管还未落地；监管范围也尚未有清晰的界定。2015 年 7 月 18 日，经党中央、国务院同意，中国人民银行、工业和信息化部、公安部、财政部、国家工商总局、国务院法制办、中国银行业监督管理委员会、中国证券监督管理委员会、中国保险监督管理委员会、国家互联网信息办公室日前联合印发了《关于促进互联网金融健康发展的指导意见》（银发〔2015〕221 号）（以下简称《指导意见》）。该指导意见的出台，明确了互联网金融的发展方向。相关的电商金融企业也获得了牌照。不过，随着互联网法规的相继出台，许多电商金融产品也或被下架或被整顿。例如京东白条和天猫分期业务，因为模式上类似于虚拟信用卡，2015 年 3 月，央行发文暂停虚拟信用卡，向市场发出了明确的整顿信号。

②信用风险

当前，中国的信用环节还处于落后阶段，个人贷款违约的风险极大。电商企业以消费金融形势开展的个人授信还未进入央行征信系统之中，而个人信用体系建设也不是短期之内可以实现的。因此，很难保证不会出现用户恶意违约的情况。同时，投资人还需要特别注意一点，对于价格为王的网购市场，用户忠诚度难以通过平台的大数据分析而得来。因此，坏账控制能力成为电商企业能否顺利发展互联网金融的关键。

③财务风险

目前，在传统金融市场从事消费金融的公司多由传统银行设立。这一点，足以证明只有资金实力强大才能展开电商金融业务。景荣在 2015 年初开放 50 万个公测名额，最高授信可达 1.5 亿元。如果以平均 1 万元来计算，50 万人同时使用，京东就需要先行垫付 50 亿元。而截至 2015 年 6 月 30 日，京东拥有的现金、现金等价物、限制性现金和短期投资总额达到 352 亿元，其中可流动资金不超 200 亿元。面对大多数用户申请白条失败的舆论压力，京东需要开放更多的名额，这样才能刺激用户在京东消费，同时也刺激投资人在京东投资。

Chapter 8　互联网理财

——你不理财，财不理你

理财，在每个人的人生中都会占据重要的位置。如果你想提高自己的生活品质，如果你想赚取除了工资之外的钱，那么，你就要学会理财。坐在家里等钱从天上掉下来，这是天方夜谭，这世界上没有不劳而获的东西。因此，如果你想要让自己生活得更好，你就要学理财。

8.1　提高理财意识，提高自身收益

有人说："人生在世，都要在生存的基础上，追求更高的生活品质，人只有有了目标，生命才有动力，也才有意义。"而理财就是为了追求更高的生活品质而产生的，没有这个目标的人是不需要理财的。

但是，如果你不满足于现状，你想买车，想买房，在提高自身工资的基础上，就要学会理财，学会钱生钱。

8.1.1　攒钱、生钱、护钱一个都不能少

理财是一种管理钱的行为：攒钱、生钱、护钱一个都不能少。攒钱是理财的起点，生钱是理财的重点，护钱则是理财的保障。如图 8－1 所示。

工作多年的小张就非常善于理财，而且把攒钱、生钱、护钱这三点把握得非常好。首先，他并没有因为攒钱就降低自己的生活品质，因为他认为攒钱不是省钱。攒钱只是一种有规划的存钱行为。其次，他把自己的工资分成 5 份，一份是房租和饭钱、一份是日常花费、一份是固定存款、一份是理财用的、一份是活期存款，应急用的。按照这样的分工，小张还是该花的花，该存的存，几年下来也有了一笔不小的存款。接下来就是生钱了，小张会把每月那一份用来投资的钱，去投资自己认为值得投资的理财产品。通过理财，小张每个月都会有一笔额外的收入。最后，小张早就买好了一笔万能险，以防有什么特别的需要。

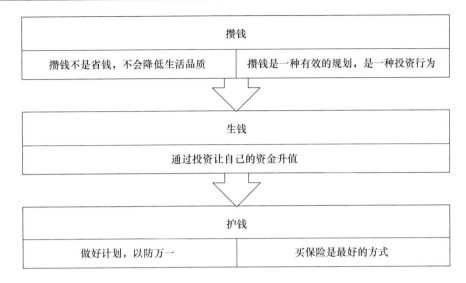

图 8－1　理财的三大要点

①攒钱

很多人把攒钱与省钱混为一谈，其实这是错误的想法。攒钱与省钱不同，省钱是人们放弃生活放弃需求的一种理财行为。而攒钱是一种有目的的投资行为，按照一定的规则，有条不紊地按月按年进行定期储蓄，而且还不会因为攒钱而降低自身的生活品质。

②生钱

对于大部分的人来说，每个月的工资收入是有限的，如果只是靠个人工资是很难变得富裕的。所以，要让自己的钱替自己赚钱。比如说，一个年薪 10 万元的人，40 年的工龄，也买不起北京六环 100 平方米的二手住房。所以，让钱生钱是非常重要的。理财投资就是钱生钱的技能。

③护钱

天有不测风云，谁也不能保证自己这一生不会出什么事。对于普通家庭来说，最怕是意外事件的发生。因此，一定要给自己买份保险，意外、住院、大病等在能力足以支付的条件下，保险永远不嫌多。保险不但是一种保障，也可以是一种投资。特别如今发展得比较火的互联网保险，各大互联网保险公司都推出了许多既能起保障作用又能理财的互联网保险产品。

8.1.2　设定投资理财的目标方向

人这一辈子肯定是离不开理财的，因此理财的技巧我们是一定要掌握的，而掌握技巧的前提就是设定投资理财的目标方向。

①理财目标必须符合生涯目标

理财只是每个人生命目标中必不可少的一个手段而已，它不是最终目标。因此，理财目标是为了实现生涯目标服务的。在互联网金融领域进行理财也是一样的道理，如果脱离了生活的目标理财也失去了意义。因此，要设定一个理财目标，就先需要一个生涯规划，而理财规划其实就是在财务上保证生涯规划的实现。

②理财目标必须明确而且具体

尽管某些理财目标是非常概括而且笼统的，是很难单纯地用货币来量化的。因此在设立理财目标时必须明确而且具体。就比如说购车是很多人的理财目标，要让这个目标变得有意义，就必须明确下来，什么时候购买要花多少钱？理财投资就是这个道理，在什么时间段进行投资，要投资什么项目，是互联网保险还是网贷，准备花多少钱投资。

③理财目标必须积极而且合理

理财目标必须是在合理的范围内，而且带有积极性。例如你一个月拿5000元的工资，设定一年内在北京买房，那么这就是不合理的，因为不合理的目标不但不能让人产生积极的心态，在一段时间后还会让人感到消极。因此，要对理财目标做定量上的限制。这个限制主要取决于每个人的财务资源，包括现有的财务资源以及今后可以获得的财务资源，同时还包括了对待风险的态度。一个过于激进的理财目标会让自己承担超出其能力范围的风险水平，而一个过于保守的理财目标，因为很容易实现，也会让自己变得消极。所以，设立一个积极的、合理的理财目标是非常重要的。

8.2 搭建互联网的理财体系

要从互联网金融领域赚钱，就要先搭建好一个精准的、完善的互联网理财体系。按照这个系统的流程一步一步往下走，才能减少投资风险。互联网理财体系的主要内容包括：了解正确的理财步骤，选择合适的理财服务和理财师，购买互联网金融混搭产品的技巧。

8.2.1 了解正确的理财步骤

在互联网金融领域进行投资理财时，其首要的一点就是了解正确的理财步骤。这样才能选择出正确的理财方式。例如投资喜好、财务状况都会左右你的投资风格，影响你的理财收益。如图 8－2 所示。

图 8－2　正确的理财步骤

第一步：制定个人理财的主要经济目标

理财的第一步就是确定目标。首先要弄清楚自己最终希望达成什么程度。最好能将这些目标列成一个清单，越详细越好，然后对目标按照重要性进行分类，最后将主要的精力放在最重要的目标中去实现。例如 2016 年，你准备在互联网金融投资众筹、网贷、互联网保险三大项。最擅长和最喜欢的是网贷项目，那么就把主要的精力和资金放在网贷项目中。

第二步：清点自己的资产和负债

理财的技巧在于组织一个符合自己的"理财金字塔"的模式，而且还要考虑如何安排这些资金去建筑"理财金字塔"。然后就要弄清自己有多少资产净值。要了解自己的资产净值，最简单的办法就是列出一张家庭的资产负债表。在这里，还有一点需要注意。每年都要检查一遍资产负债表，然后通过储蓄和投资让自己的资产增值。了解自己的资产净值能够帮助自己制定正确的理财计划。

第三步：通过储蓄打好基础

理财的核心是"钱"，储蓄是钱进行汇集一个简单易行的途径，储蓄一笔一定量的资金是以后进行投资使你资产增值的基本条件。在互联网金融进行投资，就是通过努力出息去打好基础。不要动用到会让自己产生危险的资金，所以储蓄一笔资金再进行投资是最好的方式。

第四步：理智安排资金

理财中的储蓄，不是一味盲目的储蓄。而是要在储蓄的过程中，规划好所归集的资金，让这些资金在日后的运用中产生最大的效应。

第五步：安全投资

准备投资时，要冷静分析自己的风险承受能力，将资金分成若干部分，做分散投资，孤注一掷在互联网金融投资领域是行不通的。

第六步：审视探讨理财计划

理财计划在实施之后，要经常地将计划拿出来评价和审视，剔除所有的缺点后，不断地进行完善，这样才能让理财计划更切合实际。同时也要结合市场情况来修改自己的理财计划，例如现在的互联网保险市场还不够成熟，那么就要适当减少在这个领域的投资。如果这个网贷 P2P 最近市场不稳定，就要先观察一段时间再看是否增加或减少投资金额。

8.2.2　选择合适的理财师

互联网金融投资是一件非常复杂的事情，一不小心就很容易造成巨大的损失。如何选择合适的理财服务就成了非常关键的问题，同时选择一个好的理财师，也能让你避免一些不必要的情况。

小杨进入互联网金融投资领域才一年多，与其他投资新人或多或少因为不懂投资而让自己的利益受损的情况不同，她靠这些投资小赚了一笔，还利用这笔钱买了一万多的苹果电脑。那她是如何做到呢？其实，她也没做什么，就是选择了一个合适的理财师，然后根据理财师的建议选择理财产品。在理财师的帮助下，小杨少走了很多投资弯路，也轻松了不少。

很多人苦于没有在互联网金融投资领域的专业知识，因此不得不依靠理财师，但却经常发生理财师不靠谱的事情，没有让自己赚钱，反而亏了不少。那么如何才能挑选到一个合适的理财师呢？可从以下几个方面入手。如图 8－3 所示。

①以貌取人

这里的貌不是指相貌，而是指理财师的外形包装。任何事情都需要包装，理财师也一样。面容修饰、服装搭配都体现了一个人的严谨度、认真度和成功度，也体现出他对客户的重视。不过，也不能过度看重包装，只是作为一个参考的因素。

②敢于直谏

这里的谏指的是建议，但重要的不是建议你做什么，而是建议你不做什么。在选择理财师时，可以问问他不要投资什么，就可以看出他对你的了解以及用心程度。

③考试检验

如果你对某一种理财产品做足了功课，那么就可以去问问理财师对这个理财产品的看法，看他是否具有专业的水准。虽然这种方式很费功夫，但是效果却最好，而且还能增长自己的理财知识。

④强势＋装傻

你可以在理财师面前装作对你本来熟知的方面一窍不通。看看对方是否有足够的耐心回答并解决你提出的问题。也可以强势高压，看看该理财师是否有足够的自信。

图 8 - 3　选择理财师的技巧

⑤询问＋换位思考

可以问问理财师是怎么给自己理财的，从自己的角度看是否存在差异。进行换位思考，会让你对理财有更加全面的认识。

8.2.3　选择合适的理财服务

互联网金融企业之间的竞争越来越激烈，为了提高存贷款规模，一些互联网金融企业开始大量发行短期高收益的理财产品，甚至还出现了长短期理财产品收益倒挂的现象。理财产品收益率在不断攀升的同时，潜在的风险也逐渐放大。所以，投资人选择一个合适的理财服务是一件非常重要的事情。

吴小姐可以算得上是互联网金融投资领域中的老手了，多年的投资经验让她总结出了选择互联网金融产品的技巧。现在她在选择理财产品时，大多也是循着这个方面来做。首先，她会看产品和企业的关系，如果不是特别靠谱和知名的企业就会首先淘汰。其次，看理财产品是否是收益型的，能不能保本。再次，看理财产品的风险等级，控制情况如何。最后，看是否能提前赎回。这四个技巧的效果确实不错，让她赚了不少钱。

①看理财产品与互联网金融企业的关系

投资者通过互联网金融平台来购买理财产品，主要是因为对该互联网金融企业的信任，但不可认为在该平台上销售的理财产品就全都是由该互联网金融企业负责。投资者在购买理财产品时一定要看清合同是否有该互联网金融企业的公章。

②要看理财产品是否保本

如果理财产品是保本或者保证收益型的，那么在产品到期时，不管发生什么样的事情，至少投资者投入的本金不会发生什么损失。

③要看理财产品的风险控制情况

一般理财产品都会给出明确的风险等级说明，并且揭示一旦发生风险有哪些措施可以挽回损失，同时还会写明适合的投资人群。投资者一定要选择适合自己风险等级的理财产品。

要看理财产品是固定收益类还是浮动收益类。前者风险较低，实现预期收益率的把握比较大，基本上都能实现预期收益率。例如一些P2P网贷平台上的小额贷款。而后者则要具体情况具体分析。

④要看理财产品的流动性

实际上，流动性本身也是一种风险，投资人如果要在理财产品投资期内遇到现金需求但不能提前赎回，例如投资互联网保险产品，就会对自己的投资和生活产生负面影响。因此，认清理财产品的流动性，合理安排理财产品的投资期限对于投资人来说是非常重要的。

8.2.4　巧买互联网金融混搭产品

有一位"闭关"多年的门户网站元老感慨，过去和现在最大的区别就是互联网金融产品满天飞，人人都在用手机购买理财产品。例如招财宝、百发有戏、微理财等大家熟悉的理财宝。这些理财宝的背后分别是阿里和机构合作的理财平台、百度和中信信托合作的信托产品、腾讯和华夏基金合作的"微理财"网络平台。那么问题来了，到底这些混搭产品的本质是什么，投资人又该怎么买这些混搭产品？

①互联网公司参与的四大类混搭产品

从本质上来说，当前市面上互联网公司参与的混搭产品主要是基金、信托（或保险）、P2P网贷、商品众筹等四大类。如图8-4所示。

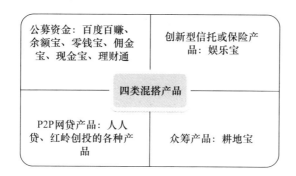

图 8 - 4 互联网公司参与的四类混搭产品

第一类：公募基金。百度百赚、阿里余额宝可以说是互联网"宝宝"基金的典型代表，其发展的势头一度让传统金融机构感到威胁。而以京东小金库、苏宁零钱包、腾讯佣金宝、网易现金宝、微信理财通等为代表的后来者力量也不容小觑。这几个互联网"宝宝"理财产品对应着 14 只不同名称的货币市场基金。目前 7 日内的年化收益率稳定在 4%~6% 之间。其中投资门槛一度低至 1 分钱，单日取现额度最低的余额宝，也可取现 5 万元。

第二类：创新型信托或保险产品。阿里巴巴推出的"娱乐宝"，不但可以投资传统金融产品，还可以投资影视剧作品，投资门槛仅 100 元，投资项目对接国华人寿旗下的国华华瑞 1 号终身寿险 A 款，不保本不保底，第一期项目总投资额达到了 7300 万元。百发有戏一期产品的内容是大众电影消费项目《黄金时代》，最低支持门槛为 10 元。在这类创新型产品中，用户的权益回报是与电影票房紧密相关的，票房越高，潜在的权益回报也就越多。这与传统的投融资类的集合资金信托有着非常大的区别。

第三类：P2P 网贷产品。这类产品是通过网络信贷公司提供平台，然后由借贷双方撮合成交。在此，平台只是担任中介的角色，收取一定的中介费。例如人人贷、红岭创投中的产品。

第四类：众筹产品。以某电商公司和农民群体联合推出的"耕地宝"为例，投资人可在平台上认购不同土地种植套餐，自行选择具体的种植品类。认购结束之后，由农民全权负责种植、看护、邮寄产品。

②分清门类辨清产品的风险

基金、信托、保险都是受相关法律保护的成熟理财产品形式，尽管在收益和流动性方面存在着较大的差异，但与 P2P 网贷产品来说，无疑是有不可比拟的低风险优势。

目前，网贷平台的风控体系都有待加强，但部分只针对特定客户人群的电商平台。例如京保贝只针对电商供应商，京小贷针对其他平台的商家，这类垂直网贷平台的风险都相对可控。但是因为受从业人员资质良莠不齐、公司管理不规范、法律监管不完善等因素的影响，网贷公司的总体风控难度在持续地增加，潜在风险不小。

不同的投资人风险承受力、流动性要求、收益追求都存在着差异。上述四类产品具有的风险也不同。在这个意义上来看，更要弄清互联网理财产品到底属于哪个门类，本质上是什么样的金融产品。

8.3　互联网金融投资是门技术活

如今，全世界都刮起了一阵互联网金融投资风，几乎每个接触投资行业的投资人都从传统的投资市场迈入了互联网金融这个新兴的投资天地。互联网金融以其理财的普惠优势成了老百姓心中的"明星"理财方式。但是不管是传统投资，还是互联网金融投资，都有其技巧秘诀。对于投资人来说，怎样能掌握互联网金融理财命脉让收益最大化呢？

8.3.1　理财行动，早投资，早有钱

多数的理财专家强调"理财，越早越好"，这是很有道理的。早理财和晚理财的差别就在于，早理财可以让你更早地抓住不该溜走的机会，让你尽早地享受到生活。特别是在互联网金融这个瞬息万变的世界，上一秒也许这个项目还能赚钱，下一秒这个项目就归本了。因此，投资人在投资互联网金融领域时，越早投资越好。如图 8 - 5 所示。

> 学会强制储蓄
>
> · 用强制储蓄降低风险
> · 减少因投资失败而影响到生活品质
>
> 编制财务报表
>
> · 清楚自己的财务情况
> · 根据报表提高或降低投资额度

图 8 - 5　降低投资风险的两大技巧

如今，很多大学生在校或者刚踏出校门就开始理财，方便的移动通信工具，让理财更加的轻松。因此，很多大学生在校或者刚步入社会就取得了不俗的理财

效果。

李某 2015 年 7 月份从学校毕业，毕业前的最后一个学期在一家著名的 IT 公司进行了三个多月的实习，毕业后就直接成为这家公司的销售代表。刚开始的月薪只有 2200 元，但是没过几年，除了涨工资之外，李某还获得了不少的理财收益，不用做一个"月光"工薪族，甚至有闲钱买车。

李某是这样做的，他在拿到第一笔工资时，会将 500 元存进银行，然后再花500 元到互联网金融网站购买一个金融产品。李某认为前 500 元主要的投资目的就是为了保值和储蓄，避免自己随手乱花钱的习惯，后 500 元则是从互联网金融产品中赚一些外快，提高自己的生活品质。除此之外，李某每月还会花 100 元购买互联网保险产品，除了能应对紧急情况之外，也可以从保险中赚取一些利润。李某经常会关注一些互联网金融的新产品，在不确定风险之时，先小额投资，确定风险之后，再大笔投资。快别人一步的同时，又降低了风险。

李某刚从学校毕业就养成了理财的习惯，与同期的毕业生相比，李某已经是个不折不扣的"小资"，这就是早投资的好处。

①学会强制储蓄

投资有风险，并不是所有的理财产品都能赚钱，特别是瞬息万变的互联网金融行业。为了不因为投资失败，而影响自己的生活品质，投资人一定要学会强制储蓄。特别对于资金不丰，又对互联网金融投资缺乏认识，投资经验匮乏的投资人。即使有资金参与理财，但是有些理财产品门槛高，风险也高，一不小心就会造成损失。因此，通过强制性储蓄来提高以及降低风险，是一种最安全、有效的理财方法。

②编制财务报表，将资金数字化

报表是最能看清自己财产的方式，数字更是能让人一目了然。所以，最好能将自己的财产制定成财务报表，根据报表的情况来制定投资计划。例如这个月进展减少，是否要适当降低投资额度，这个月多拿了工资，是不是可以把多余的部分拿出来投资看好的产品。除此之外，财务报表可以让你更清楚地了解自己的财务情况，避免因为自己的过度投资而影响到其他方面。

8.3.2 三大秘诀，让互联网金融理财收益最大化

互联网金融是新兴的理财方式，如果想要让自己的互联网金融理财实现最大化收益，那么就需要掌握三大秘诀。这个三个秘诀分别是：第一，看平台的投资起点。第二，看平台的返息。第三，投资金额匹配。如图 8-6 所示。

①看平台的投资起点

选择一个投资起点相对较低的平台，对于投资人来说，特别是投资新手来说，

看平台投资起点	看平台返息	投资金额匹配
• 选择低起点平台，提高资金使用率 • 注意投资金额为1元或不限额平台	• 天天返息的平台较少，但收益高 • 按月返息的平台最合适 • 按年返息的平台收益最少	• 分投资优先级 • 按个人条件分配投资比例

图 8-6　实现最大化收益的三大秘诀

是有利而无弊的，它能有效降低投资新手因为不懂投资规则而产生资金损失的风险。网贷平台的起投金额一般为 10 元、50 元、100 元，甚至还有 1 元起投的平台。相比较来说，投资起点较低的平台，资金使用率较高，资金使用率高了，相对的综合收益率也会较高。

与此同时，投资者也要注意，像投资金额为 1 元的或者不限额度的平台，就要慎重投资了。这类的投法，因为投资额度过少会导致出现两个方面的短板：一是不容易看到收益；二是缺少优质投资者。这类互联网金融平台都是通过降低投资起点来获取客户，投资风险会比较大。

②看平台的返息

这一点就是专门针对网贷的投资者了。目前，国内天天返息的平台比较少。天天返息，利息再投资，资金使用率高，自然可以获得高收益。如果以投资 10 万元，月收益 1.5%，每月 30 天计算，则每天就可返还利息 50 元，每天把 50 元利息再投资，大概计算一下，收益率就能超过 20%。而按月返息的年收益一般都在 18% ~ 19%，按年返息的就更少了。

③投资金额匹配

互联网金融网贷主流理财产品有房贷、车贷以及信贷产品。投资优先级应为房产抵押标、车辆质押标、车辆抵押标、信贷标。因为房贷抵押流动性好，更容易保值和升值。在车贷、信贷、房产抵押贷这三者中，房产抵押贷更加安全可靠。因此，对于大部分网贷投资者来说，建议将投资资金分配比例设置为房贷 70%、车贷 20%、信贷 10%。不过，最好是按个人条件来分配投资资金比例。

8.3.3　平台安全是互联网金融理财的基础

互联网金融理财收益最大化的基础就是保障本金安全。对投资者而言，理财本金来之不易，而互联网金融平台的安全是确保本金不会受到损失，也只有在这个前提之下，才能谈得上实现收益的最大化。

那么投资者如何才能选择到一个靠谱的互联网金融平台呢？如图 8－7 所示。

> **看平台客服综合素质**
>
> · 平台越好，客服素质越好
> · 稍具规模的平台都会制定客服考核标准
>
> **线上线下是否结合**
>
> · 是否有线下平台支撑
> · 是否将线下业务外包

图 8－7　互联网金融理财平台两大选择技巧

①看平台客服的综合素质

只要是稍具规模的互联网金融平台都会制定严格的客服考核指标，其中包括服务质量、服务人数、用户满意度、用户转化效果等。如果一个平台为了短暂的利益，给客服施加了很大的开发投资者人数指标，导致客服们顶着过度的压力，从而影响了服务的质量，相应的后续服务更差。那么，这就代表了该平台的服务理念出现了问题，而一旦互联网金融平台的服务理念出现了问题，那么就必然会对客服的综合素质产生负面的影响。

②看线下业务

什么样的平台安全系数高？有强大资产端的线下支撑且有线下业务直营的平台。中国大多数投资平台的生命周期都很短，其最大的原因就是因为一些平台短浅，一味地追求发展速度，将线下业务外包，导致将很多风险引入自己的平台中，导致整个平台都存在着风险。而如果线下业务自营、管理制度、风险控制体系等都与平台同步，整体的风险自然会比较小。

8.4　坚守理财五大原则

不同的投资者的投资预期、财富多少和风险承受能力都不同，因此，每个人都有适合自己的投资方案。不过很多投资者都不知道如何制定一个合适自己的投资方案，其实这个问题说难也不难，只要在大的方面把握好，投资方面就不会有什么问题。这个大的方面就是投资理财的五大原则。

原则 1：量入为出

量入为出，这是投资成功的关键。每年至少要将自己收入的 10% 存进银行，以应不时之需。投资风险，特别是互联网金融这个新兴领域存在的风险更大。也许你目前的投资收益不错，但不可能真正代替储蓄、养老、应急计划，所以应该量入为出，养成良好的储蓄习惯。在储蓄之余再做投资。

原则2：投资组合多样化

一般来说，年轻人可能都想在类似于互联网金融这种新兴市场多下点注，而上了年纪的人则比较倾向传统投资项目，但理智的做法就是让你的投资组合多样化。不要把鸡蛋放在一个篮子里，要采取积极进取的投资策略，最好是互联网保险、P2P网贷项目、众筹项目等都做投资。

原则3：投资要注意整体收益

对任何投资来说，真正有意义的是投资组合的税后整体收益。也就是说，投资收益如何要看你最后拿到手里的所有投资项目的利润，而不是看眼前的或者是一个投资项目的利益。这个原则对于资金较为紧张的投资人来说更为重要。这类投资者看重的往往是收益率，但如果单一的收益率增长是以投资组合总体价值的缩水为代价的话，那么就有可能引起危险的后果。

原则4：避免高成本负债

避免高成本负债，其实就是要处理好自己的债务问题，特别是有信用卡的用户。我们常常会出现手头紧透支信用，但又还不上。有些投资人甚至动用信用卡去投资，这更是愚蠢的做法。

原则5：在投资项目中建重仓

投资总是伴随着风险，比如因为市场不好的时候割肉。即使是市场比较好的时候，也可能会因为各种情况出现别人赚钱你输钱的情况。因此，在投资项目中建立重仓就尤为重要，要把自己大部分的精力都花在重仓上。这样做至少可以保证你投资组合中有部分项目总能跟着大盘跑，大盘赚钱你也赚钱。

8.5 如何避免互联网金融理财风险

互联网金融是一种全新的投资发展理念，这几年也越发火爆，但火爆的同时，也产生了不小的问题。近几年，频繁爆出的各类资金安全问题，如某某企业家携款潜逃、某某网站被查、某某P2P平台破产、某某投资人被骗，等等，这样的问题层出不穷，事件一而再，再而三地发生。政府在这几年也相继推出了一系列的法律法规来规范互联网金融行业。随着政府监管的及时跟进，互联网金融的安全性也逐步得到了有法可依，有制度可循，让投资人可以更加放心地投资。不过，虽是如此，投资人也要把握以下几个技巧，来有效避免风险。如图8-8所示。

图 8 - 8　避免理财风险的三大技巧

①选对平台

平台的选择是至关重要的。平台是依靠企业的发展，企业的正规化、专业化、综合实力来直接影响互联网金融平台提供的理财产品、投资渠道、具体项目、盈利规模以及理财者资金。如何选择好的互联网金融理财平台呢？

第一，了解互联网金融的几种模式。比如 P2P、众筹等。第二，了解几种模式的区别。流入 P2P 和众筹的资金都是直接进入到网络运营平台中，由于没有严格的监督机制，很容易产生跑路的风险。第三，根据投资周期、投资收益、投资风险系数，再结合自身状况选择最适合自己的投资理财平台。

②选对产品

首先，投资人必须要清楚自己选择了一款什么样的互联网金融理财产品进行投资。就以基金为例，目前，理财产品的结构都相对单一，你在余额宝购置的基金和直接购买天弘增利宝并没什么差别。其次，投资者要清楚什么是基金，基金的风险有多高，投资的回报率又是多少。最后，产品是否合理合法。投资人要了解项目具体是在做什么，是否经合法程序的风险预估与资料的审核，是否具有相关资产的担保以及借款具体时间和具体用途，对于这些都要有清晰全面的认识。投资人要尽可能多地搜集相关信息，规避更多的风险。

③分散、谨慎投资

分散投资也可称为组合投资，是指同时投资在不同的资产类型上。分散投资引入了对风险和收益对等原则的一个重要的改变。分散投资的好处就是可以不降低收益的同时降低风险。

不管前期做了如何慎重的筛选，理财投资还是要谨慎再谨慎，要杜绝侥幸心理与赌博心态，这样才能对自有资金的安全性有相当的把握，尽可能地去规避风险的发生。

Chapter 9　谁主沉浮

——互联网金融的下一个十年

随着余额宝、理财通的相继引爆，对于一直壁垒森严的银行而言，阿里巴巴、腾讯、苏宁这些"金融门口的野蛮人"已经成功撬起了一道口子。这些"野蛮人"或者那些"新生的野蛮人"下一步会做什么？互联网金融的下一个十年又将谁主沉浮？

9.1　新的互联网金融产品不断涌现

随着互联网金融的发展，新的互联网金融产品不断地涌现。除了余额宝、理财通等老牌"宝宝"类理财产品，新的理财产品也不断地涌现。这些后来者以黑马之姿，迅速闯入互联网金融的市场。

9.1.1　微信不但可以聊天，还可以贷款

时下，互联网金融的发展如火如荼，各大企业莫不想分一杯羹，推出的互联网金融产品多不胜数。在社交领域里称王称霸的腾讯，更是不想错过这顿美味大餐。

也许很多人还不知道，现在的微信和QQ已经可以贷款了。一个QQ的"太阳"在过去可能只是一个符号，但现在却可以帮助用户申请到几万元不等的信用贷款额度。现在，你还觉得挂QQ是玩物丧志吗？

①互联网金融新玩法："QQ等级"或成征信体系模式

微粒贷的开通和使用体验都非常便利，受邀用户只需要在手机简单几下点击即可开通，并且一键可查可借额度，从借款到现金到账只需15分钟。不过，对于用户的借款额度，是要依据用户的个人信息和社交关系为前提，用户的QQ资料、社交关系、资金支付、QQ会员、QQ活跃度、QQ等级等资料信息，均可称为微粒贷制定授信资格和借款额度的重要参考条件。

微粒贷经过综合评价会给予用户最高20万元的贷款额度，在使用门槛方面，

微粒贷目前处于小范围邀请体验阶段，未来会全面落地。

②微粒贷联合 QQ：社交带来线上金融的春天

手机 QQ 拥有 6 亿多的海量用户，微粒贷以此为基础为推进互联网金融探索，这就是微粒贷与其他互联网金融产品的不同之处。

首先，高达 6 亿多的手机 QQ 用户，可为微粒贷提供庞大的大数据挖掘与分析材料，可使其充分挖掘用户价值，提升用户信用准确度，这些是其他互联网金融产品所不具备的优势。其次，依托于 QQ 的广泛用户，微粒贷将用户的基本社交信息作为重要的参考依据，这使得 QQ 等级、QQ 活跃等不再只是一个符号，而是能辅助微粒贷精确地计算与划分不同用户的信用程度的一个工具。

③ "QQ 等级" 成征信体系背后：碎片化信息汇聚信用成趋势

微粒贷是使用实名认证信息和 QQ 等级作为信息参考依据。这种创新和尝试一方面是来自于对用户信息采集多样化的优势；另一方面则是具备汇聚用户碎片化信息，为用户提供更为精准的信用额度。QQ 等级是普通用户最直接的个人信息输出体现，QQ 推出 QQ 钱包之后，用户的消费习惯和社会习惯已能够成为征信的一部分。

9.1.2　苏宁，边购物边理财的 "零钱宝"

苏宁一直在宣传，使用零钱宝 "花钱就能赚钱"，听起来像搞噱头，其实这是真事。苏宁金融在 2015 年初推出了一款 "边购物边理财" 的产品零钱宝，不仅可以满足用户 "零钱宝 + 其他支付" 的组合需求，30 年还款到期后，会自动扣除用户零钱宝内的资金，无须担心逾期情况的发生，整个服务流程也无须任何费用。

①买完东西还能赚钱

零钱宝刚推出时，很多人都觉得这不过是一个噱头。其实不然，用户只要在 "零钱宝" 中转入一定的日常网购消费款或者理财资金，就可以申请开通该服务，在购物时先冻结购物款，30 天后账户会自动扣除相应款项。也就是说，用户在买了心仪的商品，又能多有 30 天的理财收益。

②全国通用，实现真正的 O2O 模式

零钱宝的收益是苏宁吸引众多用户的法宝之一。根据中国电子商务研究中心检测数据统计，2014 年零钱宝以 5.05% 的年化收益在宝宝类理财中名列前茅，远高于余额宝和理财通。平均的七日年化收益更是银行的 8 倍。零钱宝有个独一无二的优势，就是以苏宁实体门店为依托，不仅能实现线上实物购买，更能够让用户在线下一边体验门店服务，一遍利用零钱宝进行购物支付，享受 30 天理财利息，达到真正的 O2O 结合。

9.2　加强互联网金融监管势在必行

中国的互联网金融目前的生存状态其实还是以传统金融为主导，很多人对这种高回报的金融模式抱以极大的兴趣。不过，随着互联网金融负面新闻的陆续曝光，使得互联网金融行业遭遇了极大的信用危机，其低门槛、监管空白、无法保障投资者利益等弊端也渐渐显露了出来。

互联网金融形成目前这种局面的主要原因还是因为监管力度不够，即使在2014～2015年这两年里，出台了不少相关规定。但是中国征信体系不完善，同时法律法规出台时间紧凑，还容易出现疏漏，互联网金融行业所要面对的挑战不小。要跨过这道难关，让中国的互联网金融朝着健康的方向发展，那么加强互联网金融监管是势在必行之举。如图9-1所示。

> 监管缺失造成的影响
>
> ·流程监管困难，事后维权烦琐
> ·行业运行混乱，逃避监管
>
> 提高互联网金融行业的监管制度
>
> ·提高准入门槛
> ·进行准确定位
> ·完善互联网金融相关法律法规

图9-1　互联网金融监管相关点

①监管缺失所造成的影响

流程监管困难，事后维权烦琐。互联网金融与实体经济不同，它是通过虚拟的网络来完成操作的，因此流程监管困难，而且由于互联网不保存操作记录，使得互联网金融流程监管越发困难，而事后维权方面相比于传统的金融维权也烦琐许多。

行业运行混乱，逃避监管。监管力度不够和制度的不完善，还造成了互联网金融行业运行混乱的局面。例如P2P公司，它实际上就是线上的信贷公司，这些公司通过互联网平台在线上进行线下相同的业务。而由于监管和制度的缺失，互联网成了这些P2P公司逃避监管的有效渠道。他们通过互联网融资、放贷或者分割债权、出让债权，利用资金和期限的错配获利。这对于投资者来说有着巨大的风险，一旦出现问题 P2P 公司可以立即退出，但投资者就要遭受巨大的经济损失。

②提高互联网金融行业的监管制度

首先提高准入门槛。因为互联网金融行业频繁出现非法融资、公司跑路、挪用资金等情况。目前相关的法律法规已经有了相关规定。其次进行准确的定位。确定互联网金融与传统金融行业的关系，互联网金额是作为金融行业的补充还是与传统金额行业平行发展，这需要根据市场的需求来定位。只有定位准确了，发展道路才能准确。最后，继续完善与互联网金融相关的法律法规，以及中国的征信系统，帮助互联网金融朝着健康的方向发展。

9.3 移动互联网金融是发展趋势

我们现在已经进入了 4G 时代，进入了移动互联网时代。我们的生活娱乐、信息处理无一不和移动互联网发生着紧密的联系，它突破了 PC 互联网时代在时间和空间上的局限性，让人们能够随时随地地享受各种服务。PC 时代的各种事物也已经向移动互联网转移，互联网金融也一样，向移动互联网金融转变已经是不可逆转的趋势。

2013 年是互联网金融元年，那么 2014～2016 年就是移动互联网金融的发展元年，互联网金融成为产业链各方面关注的热点。我们可以看到，在这个转变的过程中，移动互联网金融呈现了移动化、社交化、平台化的发展趋势。如图 9 - 2 所示。

①移动化

4G 的发展加速了传统互联网向移动互联网的转变，互联网金融加速向移动互联网发展已不可逆转。现在人们办理金融业务，已无须去营业网点，只需通过移动终端就可随时随地进行投资理财、移动支付、购买保险、买卖股票、浏览金融资讯。

②社交化

社交化是移动互联网的重要特征，也是发展趋势。现在人们大多是通过移动端与朋友进行随时随地的交流、资讯分享。随着微信的普及，微信银行、微信理财、微信支付已受到了广大用户的欢迎，金融社交化显然从微信身上已得到了证实。同时，移动互联网的实名制、圈子、社交等关系数据也是移动互联网金融个体进行信用体系建设的一个重要参考因素。

图 9-2　移动互联网金融的三大特点

③平台化

近几年，平台型企业发展迅速，从门户网站、网络游戏、各种电子商务网站到社交网络、第三方支付、网络视频不断进行着创新升级。以腾讯为代表的平台型企业扮演着各类平台角色，例如交易平台、媒体平台、支付平台、应用平台等，向企业、消费者等多方客户提供不同类型的创新服务。可见，由平台型企业演化出平台经济产业已经是大势所趋。

9.4　互联网金融的挑战与出路

互联网金融虽然现在发展迅速，但是面临的挑战和困难依然不小，如果不能挑战成功、解决困难。那么，互联网金融的发展势必受到阻碍。不过虽是如此，国家的支持，相关法律法规的逐步完善，技术手段的不断提升，互联网金融的未来发展之路依然光明。

9.4.1　互联网金融发展面临的主要挑战

虽然互联网金融行业目前发展极为迅速，但是从我国金融市场化的发展空间以及互联网、大数据、云计算等技术的进步与应用来看，其尚处于起步状态。如果，我国的互联网金融想要发展得更好，那么就必须不断更新应用技术，不断完善我国的法律法规，重塑我国金融业的现有格局。作为一种新生事物，互联网金融要面对的挑战不少。如图 9-3 所示。

安全方面的挑战

• 做好客户的资金安全、信息安全、系统安全

经营合法方面的挑战

• 超范围经营
• 虚构高收益、超短期期限的融资项目
• 变相吸储
• 没有风险储备

法律和法规监管

• 法律法规不完善给了发展空间，但又使各种问题和风险充分暴露

图 9 - 3　互联网金融发展面临的主要挑战

①安全方面的挑战

互联网金融想要健康发展的前提，是提升互联网的安全性。而互联网安全技术跟不上以及一些互联网金融机构的不正当竞争，导致了互联网金融安全风险的增加，让广大客户遭受到巨大损失的同时，也阻碍了互联网金融行业的发展。互联网金融涉及客户的资金安全、信息安全、系统安全。如果不能将这三个方面的安全性做好，必然无法得到客户的认同。所以，安全性将是互联网金融快速发展的主要瓶颈之一。

②经营合规方面的挑战

因为监管制度尚未完善，存在一些互联网企业超范围经营、洗钱、套现等方面的风险。一些互联网金融平台虚构高收益、超短期限的融资项目，很容易使互联网投资者遭受损失。平台对投资者的资金去留会进行控制，但这也是一种变相的吸储。同时，互联网平台企业的业务涉及资金池和担保，如果没有进行风险储备，会给投资者造成巨大的资金风险。

③法律和监管

中国互联网金融相对于传统金融模式，便利性和创新性更强，这是它的优势，但同时也是它的缺点。因为这会使内部风险管理和外部金融监管变得更加复杂。法律体系不完备导致了监管主体的不到位。目前，国内对于互联网金融的定义、准入、信息披露等方面，还处于空白境地。这在给了互联网金融发展空间的同时，也使各种风险和问题充分暴露。

9.4.2　互联网金融未来的发展趋势

央行互联网金融研究中心对"十三五"期间中国互联网金融发展进行了相

关的总结，总结的内容如下。

趋势一：互联网金融法律体系初步建立

2015 年 7 月 18 日，中国人民银行、工业和信息化部、财政部等十部委发布《关于促进互联网金融健康发展的指导意见》（以下简称《指导意见》）是互联网金融步入规范发展阶段的标志。《指导意见》出台后，部分具体实施办法已经实现；部分具体实施办法未出台的，一行三会也正在逐步地起草、征求意见。随着"十三五"规划中国家对互联网金融的明确支持，以及现行法律法规的动态调整，一系列互联网金融各业态监管细则将陆续出台，互联网金融法律体系将初步建立。

趋势二：国家支付体系进一步完善

"十三五"期间，我国的支付服务主体将不断地增加，银行卡、移动支付等支付工具进一步向前发展，支付体系业务规模将持续扩大，运营效率和水平将进一步提高，支付法规制度将进一步完善。

趋势三：互联网金融使金融普惠、共享程度提高

截至 2016 年 3 月，中国有理财需求的人群达到了 3 亿多，但是能提供服务的理财师却很少。这个需求的短板只能靠互联网理财来弥补。互联网金融的无间断服务、无时空限制、低成本，能让更多的人加入进来，不再局限于高端人群。

趋势四：互联网金融与传统金融进一步融合

互联网金融与传统金融的关系不是对立的，也不是颠覆与被颠覆的。它们在风险防范和大数据应用方面有着各自的优势，两者结合能发挥出更大的力量。

趋势五：互联网金融国际化进程进一步加速

现在，很多互联网巨头都开始进行全球布局，互联网金融同样具备这样的优势。中国的银行会走出去，证券业也会走出去，而已经超前发展的互联网金融也正在加速国际化进程。

Chapter 10 案例

—— 互联网金融搭台，各大企业唱戏

互联网金融在金融界搭起了一个人人可进入的平台，投资人、融资者凭着"低价票"进入平台，观看各大企业在互联网金融领域的"表演"。那么，在互联网金融这个"大戏台"之中的各类角色，都有哪些企业来"扮演"，而谁又是其中的佼佼者呢？

10.1 第三方支付

10.1.1 微信支付，让手机成为一个全能钱包

微信支付是依附在微信客户端的支付功能，用户可以通过完成快速地支付流程。微信支付以绑定银行卡的快捷支付为基础，向用户提供安全、便捷的支付服务。

微信支付只需要在微信中关联一张银行卡，并且完成身份认证，就可以将装有微信 APP 的智能手机变成一个全能钱包。不但不需要任何刷卡步骤就能完成支付，而且还能购买合作商户的商品及服务，生活上的一些缴费琐事，微信支付也能够帮你完成。

①微信支付与线下支付相比的优势

微信支付与线下支付相比有四个方面的优势。首先，改变了货币本质，实现了直接交换；其次，创新支付的服务模式，使用户购物消费更加方便快捷；再次，用户账户安全更有保障，运营效率得到有效提高；最后，减少了现金使用，有效防止了通货膨胀。

②微信转账收费改为超额提现收费

2015 年 10 月 21 日，微信支付开始逐步试行转账新规：每人每月可享受 2 万元的免费转账额度，超出的部分按 0.1% 收取手续费。小额转账以及红包享受免收手续费。

2016 年 2 月 15 日，腾讯公关部相关负责人表示，自 2016 年 3 月 1 日起，微信支付调整手续费收费政策，转账恢复免费，转为提现超额交易收取手续费。具体收费方案为：按提现金额的 0.1% 收取手续费，每笔至少收取 0.1%，每个用户每月可终身享受 1000 元的免费提现额度。

10.1.2　苹果支付，将改变中国支付行业格局

2015 年 2 月 18 日，由苹果公司推出的支付渠道 Apple Pay 正式在国内上线，支持 19 家商业银行的借记卡和信用卡。苹果支付可用于线上支付，也可以由线下带有闪付标识的银联 POS 终端受理。

苹果支付虽然有苹果这个国际大企业支持，可以依靠苹果手机等终端设备的存量客户量争夺市场份额，但仍然面临着用户旧有支付习惯的路径依赖挑战。同时，线下的受理终端和组织推广也存在着不小的弊端。不过说到底，苹果支付的出现，代表着移动支付市场的大战已经硝烟弥漫，未来很有可能改变中国支付市场的格局。

①NFC 非接触支付

苹果支付单从手机上看，匹配系统版本是 IOS9.2 或者更高，设备型号要求则是 iPone6、iPone66S 系列，其他的苹果产品也有要求。每个苹果账号最多绑定 8 张卡，用户设置默认支付卡或者自主选择。从技术层面来看，苹果支付是一种基于安全芯片的支付模式。与刷卡接触支付的方式相比，它是属于非接触支付。用户只要将银行卡关联在具有 NFC 功能的智能手机上，然后 POS 终端就可立即完成支付行为。而且它不受网络影响，也不受光线因素等影响。

②安全性问题

安全问题一直是支付行业最看重的核心因素，为了平衡安全和便利，目前多家银行已经在输密、限额方面做出了限定。招商银行已经开通苹果支付小额支付免输密码功能。如果绑定招行信用卡，消费 500 元以下就不需要输入秘密。如果是绑定借记卡，消费 300 元以下不用输密码。工商银行的用户，则可以根据自己的需求拨打客服电话进行输密金额设定。同时，在交易限额方面，不管是借记卡还是信用卡，工商银行与苹果支付绑定的支付卡单笔支付限额为 2 万元，日累计支付限额为 5 万元，绑定的信用卡额度不变。

苹果支付在技术模式上与其他支付软件有很大的不同，苹果支付不储存持卡人信息。用户与苹果支付关联的卡已经经过变形处理，其账号、密码等信息外部都无法识别，可以说，已经成为了银行卡的"替身"。支付过程中，苹果支付通过 POS 传送给开户银行，借助 ToKen 技术，开户银行就能够直接识别"替身"，完成资金的划转。

10.2 众 筹

10.2.1 众筹网，使公益众筹更加透明化

传统公益项目被人诟病已久，传统的公益项目也在近几年内遭遇到了不小的瓶颈，因为接二连三的公益诈骗事件，让很多爱心人士对传统公益失去了信心。造成这种现象的原因，除了诈骗，还有就是公益行业的不透明化所致。因为这种不透明化，让中国近几年的公益市场都陷入了僵局。2011年众筹进入中国公益行业后，这种僵局被打破了。一些公益众筹平台和公益众筹项目得到了很多人的支持，它打破了传统公益的不透明化限制，让众多支持者看到了信心。在众多的公益众筹平台中，众筹网可以说是将公益众筹做得最好的平台之一，它的出现让中国的公益事业变得更加透明化。

①众筹对中国公益事业起到的作用

2015年1月25日，众筹网《2015公益众筹研究报告》发布会暨公益众筹投资人沙龙在圆恩空间成功举行，这份报告向社会说明了众筹对中国公益事业起到了很大的作用。单单是众筹网在2014年累计上线的公益项目就多达500多个，获得两万名投资人的支持，筹资超过500万元，帮助了许多需要帮助的困难者。

②众筹网公益项目透明化增加了投资人信心

众筹网的公益众筹项目得到了很多人的支持，那么为什么它能得到这么多人的支持呢？这就是因为其公益项目的透明性所致。在众筹网中发起的公益项目都有特别详细的说明，捐赠金额小至1元，多至上万元，对捐赠者的捐赠路径和回报都有清晰的呈现，包括电子感谢信、孩子画作、各种捐赠荣誉奖等。而传统的公益项目，捐赠者捐出款项之后，如果没有经过特别的渠道，支持者是很难知道款项的来龙去脉，公益项目的进度也很难得知。众筹网会定期向各位捐赠者报告公益项目的进展，对于每一笔款项的用途都有很清晰的说明。

10.2.2 京东众筹，是否可做众筹行业的领头羊

众筹作为一种新兴的电商形式在近年一直备受各路电商大佬的关注，京东众筹尤其耀眼。截至2016年3月，京东众筹的累计支持金额已达到152787万元。但从数据来看，京东众筹无疑是众筹行业的第一把交椅。但是，评价众筹平台的竞争力不能简单地从筹款数据来看，尤其是刷单成为某些平台的潜规则时，讨论筹款数据的意义不大。

因此，众筹除了看数据之外，还要从以下几个方面来综合评价。

①是否可真正孵化创业项目

众筹最诱人的地方并不是简单的产品销售，而是通过众筹的销售前提，将项目的产品运营周期从以往的产品生产完成后提前到产品的筹备期间，项目团队可以依靠创意来获取早期用户，降低创业的风险和门槛。从这个角度看，平台的项目孵化能力应该作为众筹平台竞争力的重要参考指标。

众筹平台为创业团队提供重要的流量支持，把流量看作最大的帮助和支持。流量虽然能起到一定的作用，但创业者更需要的是没有任何负担的流量支持。京东众筹要收取3%左右的佣金，也就是说，项目发起人要为平台支付较为昂贵的流量成本，因此这些足以让一些项目发起人望而却步。众筹最大的魅力在于孵化，如果平台在孵化过程中要进行"流水抽成"，其本质上与线下靠租办公室而生的所谓的"孵化器"就没有多大的区别了。

②是否可为产品提供升级式销售模式

众筹这一电商形式之所以能在用户层面上积聚极高的人气，就是因为用户可通过众筹获得更多奇特的产品，产品的唯一性也是发起人所追求的。但是对于发起人，尤其是科技项目的发起人，随着产品的日益成熟和投资人体量的加大，其产品必然会升级为常态化销售。因此，我们在评判一家众筹平台的好坏时，就要把众筹后期产品销售的路径问题作为参考标准之一。

10.3　P2P 网贷

10.3.1　陆金所，P2P 网贷里的"高富帅"

2016 年 1 月 18 日，陆金所正式对外宣布近期完成了 12.16 亿美元融资，其中包括 B 轮投资者 9.24 亿美元投资和 A 轮投资者行使认购期权投资的 2.92 亿美元，融资完成后，陆金所的估值达到了 185 亿美元。185 亿美元估值再加上背靠平安这棵大树，陆金所真的可以称得上是 P2P 网贷里的"高富帅"。但即使如此，用户数量只有 1200 多万的陆金所，背后背景再强大，又是如何能拿到这么高的估值，做到真正的"高富帅"的呢？现在我们可以从以下几个方面来了解一下。

①陆金所整合平安直通贷款业务

2015 年 3 月，平安集团对外宣布要整合平安直通贷款业务、陆金所管辖的 P2P 小额信用贷款以及平安信用保证保险事业部，成立"平安普惠金融"业务集群。此举意味着，陆金所将不再专门持有 P2P 业务，将彻底转型为金融理财信息服务平台。不过平台仍会销售 P2P 产品，但其产品提供方改为了平安普惠，而不是陆金所平台。

②"大陆金所"模式

陆金所其实跟平安普惠是相互独立的公司，但是在国外，其在开曼群岛所注册的都属于"大陆金所"旗下的平台。未来"大陆金所"旗下将拥有三大平台，除了此前已对外披露的陆金所开放平台和平安普惠，2015 年上半年还收购了深圳前海金融资产交易所有限公司。2015 年 8 月，中国平安宣布旗下陆金所和前海征信将一起成立 P2P 开放平台"人民公社"，被业界认为是要做 P2P 行业的"天猫"。

③陆金所的经营模式

第一，获取用户。借助陆金所 1200 多万用户的流量优势，降低入注 P2P 公司在线市场和获取用户的成本。第二，增信。陆金所会输出风控标准、技术以及相关的服务来帮助 P2P 平台提升风控能力，同时要求 P2P 平台必须有资金托管、保险、备付金、第三方担保等增信措施中的其中一种。如果平台没有，陆金所也可以为其提供相关的增信服务。有平安集团作为靠山，陆金所拥有很多金融资源。第三，帮助 P2P 公司做产品设计。许多小型 P2P 公司因为缺乏经验，所以在产品设计上难免有缺失，而陆金所可以帮助他们解决这个问题。第四，提供数据。其意思是指可以让 P2P 企业使用前海征信的征信数据，在这个以数据为王的时代，这一点对于许多中小平台上绝对有致命的吸引力。第五，催收等贷后服务。也就是说，在整个链条上，从产品设计、导流、增信直至贷后管理，这一平台都要提供相应的支持，相当于一个包办的模式。

10.3.2　红岭创投，连续第一的"成功法则"

红岭创投就是个非常不错的选择，我们从表 10 - 1 中可以看到，2015 年 12 月，红岭创投的成交量排在了第一名，成交量为 800554.88 万元，平均利率达到 10.62%，平均的借款期限为 1.62 个月。我们从图中可以看出，虽然它的平均利率不是最低，但是也排名在中间，平均的借款期限也是一样。而且红岭创投不单是 12 月成交量排在第一名，根据网贷之家的数据显示，从 2015 年 7～12 月，红岭创投的成交量排名都排在了第一位。

红岭创投之所以有这么好的成绩，有以下几个原因。

①较高的用户黏性

用户黏性低、忠诚度低一直是众多网贷平台头疼的问题，很多投资人投资一个月就撤离了，恶性循环下去，平台就不可能得到好的发展。但红岭创投很少出

表 10–1   各 PDP 平台 2015 年 12 月数据

平台名称	成交量（万元）	平均利率（%）	平均借款期限（月）	累计待还金额（万元）
红岭创投	800554.88	10.62	1.62	1519755.33
小牛在线	307863.86	12.0	9.74	1149876.77
鑫合汇	299040.97	9.29	0.73	335337.21
翼龙贷	282777.03	17.31	10.92	2097398.47
微贷网	221210.6	11.15	2.85	346342.87
金融工场	208852.48	9.17	2.04	251472.77
易贷网	188927.62	11.08	2.72	175721.76
陆金所	176255.36	7.86	29.46	3620020.39
紫马财行	169258.41	9.54	0.17	23883.54

资料来源：网贷之家。

现这种情况，从其论坛中我们就可以发现，很多投资人进入红岭创投后就成了固定用户，从网贷新手变为网贷狂人，不断地在红岭创投中注入资金。

红岭创投能这么吸引他们的原因，主要有以下几个因素：

第一，活跃、开放的论坛。红岭社区非常活跃，在社区上，投资人可以随便发帖，很少会被删帖、禁言等，很多对红岭创投提出质疑的帖子甚至被设为精华。可以说，红岭创投就是经得住质疑，也可以承认错误，并且与投资人一起改正。因此，红岭社区才会这么活跃。

第二，VIP 体系。目前，注册红岭创投，只要实名认证，绑定银行卡，就可以获得免费 VIP。另外，红岭创投设立了 VIP 体系，不同的等级可以享受不同的利息管理费。其积分又可以通过投资、还款来获得，因此，很多投资人为了不断刷分，就不断地加大投资额度或者反复投资、还款等，刷新自己的 VIP 等级，以此来获得更低的利息管理费。

第三，净值标、天标、秒标等产品体系。为满足投资人的流动性需求，红岭创投最早开出了净值标产品，即在平台上有特殊需求的投资人，如果有临时性的资金需求，就可以在平台的待收账户为抵押发布借款表，满标后系统会自动复审。起初这只是解决投资人流动性需求的一种方式，随后有些投资人看到了其中的投资价值，即在平台上投资长期的高息标，再以较低的利率发布短期借款标，以此来获取利差。同时，这也是升 VIP 等级的一种方式。净标值给了他们刷分的机会，通过反复的投资、还款等，以此来进行刷分，从而和 VIP 等级升级形成融合。

秒标则是一种活动标，是早期网贷平台为了吸引人气设置的，目前很多平台都不使用这种标了，但在红岭创投上，其老板还是会在节假日以个人名义发布秒标，以此来回馈投资人，同时也增加了红岭创投的用户黏性。

第四，精英推广员。红岭创投上还活跃这一大批精英推广员，每个投资人都可以成为红岭的精英推广员。当推广的收入达到 1000 元时，就可申请为精英推广员，并获得自己的专属推广码，不同等级的推广员，获得的收入也是不同的。

红岭创投对推荐投资人注册之日起的三年内都可享受被推荐人的投资收益，在这样的规则下，推广员的推广就会更加不遗余力。为了给推广员相互交流的场所，红岭社区还专门设置了"推广精英板块"。

红岭创投的用户黏性就是靠以上各个方面相辅相成的，这与小米倡导的"参与感"有异曲同工之妙。

②综合实力强

第一，成立时间早，累积了强大的品牌影响力。红岭创投成立于 2009 年，是最早成立的 P2P 平台之一。经过 6 年的发展，已经具备了强大的公信力。同时，垫付保本也是红岭创投提出的，并吸引了不少忠实的粉丝。

第二，较高的利率。红岭创投的利率不能算是最高的，但是在一线平台上，红岭创投的利率又是最高的。为什么这么说？因为利率最高的，安全性不够；平台够大的，利率又不够高。红岭创投在利率和实力之间做到了平衡。从利率来看能平均达到 10%，这在一线平台上是不多见的。因此，红岭的高利率也是吸引投资人、促进投资人投标的重要原因之一。如图 10 - 1 所示。

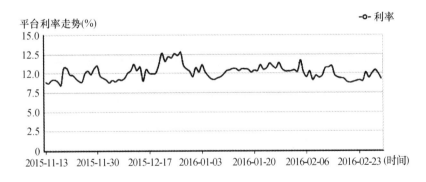

图 10 - 1　红岭创投平台利率走势

资料来源：网贷之家。

第三，真标。在红岭开放的论坛上藏着许多高手，红岭每发出一个大标，就能被他们扒出幕后的借款人。比如"福建 1 号"和"森海园林"等项目都是被投资人曝光的。随着这些项目的曝光，本来质疑红岭的投资人，认可了红岭的真实性。因为他们认为既然能扒出真实的借款人，就能说明红岭的借款项目都是真实的。只要借款人是真实的，再加上抵押等风控措施，红岭的平台风险就是没问题的。

10.4 虚拟货币

10.4.1 一比特币等于一个货币？

什么是比特币？比特币本来就是虚拟的，从某个角度来看，它和 Q 币有点类似，又有点像淘宝币。实质上，它和其他那些虚拟货币又有着极大的区别。比特币这个概念最初是在 2009 年由中本聪提出的，根据中本聪的思路设计发布的开源软件，比特币是一种以 P2P 形式存在的数字货币，其点对点的传输意味着一个去中心化的支付系统。

①比特币的交易方式

比特币传统的获取渠道就是"挖矿"，但是这个难度不小，获取比特币的另一种方式就是购买。因此，就衍生出了比特币的交易平台。不过比特币只是一种程序上的产物，它的特点决定了其不会依赖于特定的中央发行机构，也就说，从理论上来讲没有人能控制比特币。最初对比特币产生兴趣的，只是几个程序员和一些游戏玩家。后来随着它的普及，价格不断攀升，越来越多的人愿意花现金来购买并拥有一些比特币，并将其作为一种新型的投资手段。

那么，现在一比特币值多少钱呢？这没人说得准，它的价格每天都在变化，最初它才几美分。也曾一度高达 900 美元，但现在比特币的热度又降了下来，但谁也说不准，比特币会不会再次火爆起来。

②比特币的价值

有专家认为，直到 2013 年，比特币才被人认可为一种货币，其金融生态圈才建立起来，其价值也才真正的显现出来。那么，比特币的价值在哪呢？

去中心化：比特币的本质就是去中心化。比特币中的 P2P 网络的本质是非常明确清晰的，其允许去中心化存在。

不可逆性：支付行为不受第三方监管，因此也带来了欺诈的风险。如果在交易过程中付款人是未知的，但商家是公开并且具有一定的信用度，那么此次交易就有可能会成功。如果可以直接清晰地控制交易，那交易也可能获得成功。反之，不但交易无法成功，还有可能造成投资人的财产损失。

10.4.2 鲨鱼币，虚拟货币投资蓝海上的霸主

鲨鱼币，英文名 SharkCoin，简称 SAK，2014 年 4 月 26 日诞生。SAK 基于 6 种加密算法、9 轮运算的超级安全哈希运算，非常适合 CPU 挖矿，每秒能产生一个区块，总量 4 亿。

①鲨鱼币的产生背景

随着 2013 年下半年比特币的大波动，其他加密货币逐渐被市场所熟知，"山寨币"数量的迅速增加，对比特币的价格形成了严重的冲击。鲨鱼币比比特币更具有流通的优势，它填补了比特币在商业流通、促进商业运转等方面的短板。鲨鱼币其实和比特币也有着不可分割的关系，它的创作想法来源于比特币，它是国外团队在 2014 年 4 月设计出来的一种数字商品。鲨鱼币能够让用户在一个去中心化、点对点的网络中完成支付，无须依靠中央清算中心或者金融机构对交易进行清算。用户只需要互联网连接以及鲨鱼币软件就可进行操作。

②鲨鱼币的特点

稀缺性：鲨鱼币的总数量是有限的，具有稀缺性。其总数被永远控制在 4 个亿之内。

公平公正：鲨鱼币最大的特点就是公平公正，它最大的目的是替换掉所有合法的其他种类山寨货币，剔除非法货币。

账户安全：它是在 6 种加密算法、9 轮运算的超级安全哈希运算上产生的。因此，只能用 CPU 挖取，不用 ASIC 和 GPU，这样可有效避免算力垄断，能有效提供挖矿人的参与热情，同时还能确保安全。

抗干扰：鲨鱼币的确认以及记录所有交易行为的方式是使用整个 P2P 网络中的众多节点构成的分布式数据库，其 P2P 去中心化的特性和算法，可以有效保证无法通过大量制造来认为操控币值，保证了投资人的资产安全。

交易确认时间短：鲨鱼币的确认时间为 20 秒，是目前虚拟货币种类中交易最快的。

10.5　互联网保险

10.5.1　中国平安，人人保险，人人平安

中国平安保险是中国第一家以保险为主要业务核心，以证券、信托、银行、资产管理、企业年金为主要业务辅助的多元金融业务为一体的综合金融服务集

团。中国平安保险集团成立于 1988 年，总部位于深圳。其经营范围覆盖全国，在国内的营业网点多达 1100 个。此外，还在世界 150 个国家和地区的近 400 个城市设立了查勘代理网点，与慕尼黑、瑞士等国外 160 家保险公司、再保公司建立了合作关系。在互联网保险大行其道的今天，中国平安夜在不断探索"互联网＋保险"的模式。

①中国平安互联网＋寿险

2015 年 5 月，中国平安推出的互联网保险营销节"5·18 抱抱节"上，平安保险的负责人李源祥介绍，平安寿险一方面将以科技和移动互联网技术为依托，通过融入保险人的日常生活，将寿险服务输入到人们的生活场景中，实现中国平安与保险人的高频互动，充分满足保险人在生命各个阶段的不同需求。另一方面也会为保险代理人提供更加丰富、完善的售前、售中以及售后服务支持平台，同时还将利用互联网改变现有的销售管理模式，让中国平安保险的队伍得到跨越式的发展。

②优化"平安好车主"APP，构建 O2O 车主生态圈

平安车险在未来会持续不断地对"平安好车主"APP 进行优化，构建 O2O 车主生态圈，并利用大数据、巨灾模型等互联网技术建立差异化风险因子，搭建风险筛选模式，实现车险的精准定价。初次之外，还会建立包括事前欺诈控制系统、事中智能定损平台、事后风险监控在内的国际领先车险理赔系统。该系统的建立能有效提高反欺诈、反渗漏能力。

10.5.2 众安保险，三马卖保险，卖出好成绩

2012 年，一份由阿里巴巴马云、腾讯马化腾、中国平安马明哲，"三马"交出的"众安在线财产公司"的筹备申请在业界引起热议，堪称年度跨金融和 IT 业的头条新闻。而且因为三个人都姓马，所以被人戏称为"三马卖保险"。据悉，阿里巴巴持股众安在线 19.9%，是第一大股东，平安和腾讯各持股 15%，并列为第二大股东。三马联手意味着新模式的诞生，将由此开启一个新的网络金融时代。

2015 年 6 月，众安保险以 500 亿元的估值，完成了近 60 亿元的融资。这一估值，除了蚂蚁金服，还尚未有人超出。除了"三马"站台的因素外，为何一家成立时间不到 2 年的公司，能够被估出天价，而且完成这么庞大的融资？

①做有温度的保险

如何理解这个温度？众安保险产品总监宋玄壁是这么解释的：用户喜欢，有趣，能够触达用户的内心，解决用户的痛点，用互联网的方式贴近用户。确实，在实际生活中，大大小小的风险无处不在，而"有温度的保险"也应该渗透进

实际生活的方方面面。

比如嵌入飞常准 APP 的众安保险航险，这款保险产品完全对商旅用户的痛点一击即中，飞常准的 APP 用户通过平台购买机票，就能获得航空延误险，从起飞时间计算半小时开始起赔。符合赔付条件，赔付款将自动通过微信红包的方式打到客户的微信账户。

众安在线还推出过 37 度高温险，这并不是一个噱头。因为，每个夏天单位都会给员工发放高温补贴。2015 年夏天，众安高温险升级，从企业用户的需求出发，结合企业用户的客户回馈需求，为企业个性定制高温解决方案。

航空、高温、健康各个方面，众安保险都在一一涉及，就是希望能做出真正让用户感到满意，感到温暖的"有温度的保险"。

②扁平、弹性、自动的互联网特色

众安保险是互联网与金融的混搭公司，公司员工 300 多人，单是互联网保险产品经理就多达 80 多位。和其他互联网金融公司一样，众安保险是以产品经理为核心，产品经理全权把控每个细分产品，从需求到市场论证，从保险条款制定到开发上线，再到后端的产品运营，全都是由产品经理协调公司内外资源。

为了能拥有源源不断的创新能力，众安保险设立了较扁平的组织架构和以产品为导向的团队机制。因此，与传统的金融公司相比，众安保险的公司架构更加扁平。总经理下设 COO、CTO、CRO 等副总经理职位，每个副总负责几个事业部。部门有运营、技术、法务、精算、财务、市场等，除了中后台的部门支持，完全垂直化管理。

10.6　电商金融

10.6.1　苏宁，打造小、众、美的消费金融模式

"十三五"规划将"发展普惠金融"正式上升为国家政策，2015 年 11 月 9 日中央深改小组第十八次会议审议通过了《推进普惠金融发展规划（2016～2020 年)》。重提"发展消费信贷，将消费金融公司试点推广至全国"的政策。

苏宁消费金融公司在如此利好的大环境下，发展迅速。开业不到半年，苏宁消费金融邀请授信公司用户 2000 万人，授信额度达到 1000 亿元，平均单笔贷款不到 1000 元。虽然额度小，但是正符合消费金融的特色。业内专业人士也认为，这种"小、众、美"的普惠发展模式必将引领行业发展。

①创新服务模式，"小"贷款更加贴心

任性付是苏宁消费金融成立后的首款个人消费信贷产品。授信额度最高额度是 20 万元，优势是分期账期长、手续费低、三零分期。凭借这个优势，苏宁消费金融公司成为消费金融行业增长最快的"传奇"——累计授信人数达到 2000 万人。

凭借着苏宁易购电商平台和 1600 多家实体门店的支持，苏宁消费金融率先在业界实践"线上引入、线下体验"的 O2O 消费金融模式。消费者可以任意选择贷款方式，也可线上线下消费购物，无金额限制，最快一分钟就能获得贷款。

②大数据分析，"众"口不难调

依托苏宁的零售大数据，结合第三方征信平台，苏宁消费金融开创性地建立新型授信平台。该授信平台的建立，能服务更多的中低收入客户，给他们提供无抵押无担保的信用消费贷款。而且，通过大数据的挖掘，可充分了解客户的潜在需求，制定更加个性化的消费金融服务，更精准地满足客户服务需求。

③价格更实惠，体验更"美"更任性

苏宁消费金融先进的风控技术有效降低了运营的成本，同时将降低的运营成本转换为优惠定价，让利于消费者，真正地实现惠普金融。例如任性付的月息最低只需要 0.498%，仅是市场上同类型产品的 50% ~ 70%。

10.6.2 京东，京东到家，金融到家

经过两年时间的发展，京东金融在新金融的发展上已经走出了完全属于自己的模式。2016 年，京东金融基于风控、账户和连接这三大基本功，不断提升大数据应用、风控、技术和运营这四大核心竞争力。

①京东金融与当下互联网金融公司的区别

京东金融与当下市场的互联网金融公司有很大的不同，其区别主要有三点：一是京东金融能满足传统金融满足不了的所有新生需求的同时，还不与银行、证券、保险抢市场。二是京东金融基于大数据的风控能力和风险定价能力，为用户提供更多有价值的、策略化的产品，给用户更好的体验，而不是传统金融产品的互联网渠道。三是京东金融全面开放与外界机构的合作，互生共赢的同时，扮演好一个底层风控平台的角色。

②打造一流运营能力，建设风控基础设施

大数据是京东金融的优势，基于不同企业和用户的画像集群，可以创造出不同的场景和产品来满足用户的需求，而这些场景和产品，如果没有强有力的风控和技术能力以及能够提供用户运营能力做支持，是长久不了的。所以，京东金融要以风控基础设施建设为未来发展方向，打造一流的运营能力。

③为企业提供金融生态服务

目前，京东金融已经推出了以流动资金管理服务为核心的企业金融服务，其内容包含了借贷服务、理财服务和支付服务。在借贷服务上，京东金融的供应链金融可以为企业实现极速放款，该金融链的推出不仅可以提高效率，还能降低企业的融资成本，真正满足企业资金快速周转的需求。在理财服务上，对于有闲置资金需要定制化理财的企业，也针对性地开发了更符合企业需求的解决方案，为企业的资产增值提供策略。在支付服务上，京东金融推出了京东钱包企业版，为企业提供了更方面、更快捷的支付通道。

④提高个人金融的场景化参与感

在个人金融服务上，京东针对消费升级需求、信用消费需求以及理财需求推出了众筹、消费金融和大财富管理。利用移动化趋势，开发京东金融 APP 和京东钱包 APP，让这两个 APP 承担实现这些需求的载体功能。一个统一的京东支付账号就能贯穿每一个场景需求、产品和载体。

附录　本书联合发起人

杜赐平

东莞市少爷皮具有限公司总经理及创始人，磁芯保健皮带发明人。

陈乃林

博士生导师，安吉来灵中医诊所创始人，在女性月经期疼痛、慢性盆腔炎以及颈肩腰臀腿痛等方面临床治疗效果明显。

李　洋

中国人民大学 AACTP 美国培训协会注册讲师，IRCA 英国皇家认可委注册 QMS 审核员，CCAA 国家注册 QMS 审核员，中国文化管理协会培训委员会注册讲师，中小企业全面运营管理辅导提升专家，河洛智慧系列课程创始人，新理念咨询集团董事长。

王 娟

东莞市宏定电子商务有限公司董事长，东莞市宏全实业投资有限公司董事长，蒸妙集团东莞分公司董事长。百妃纳米喷雾补水仪创始人、百妃纯天然芦荟胶微商爆款专家和营销专家。